Die Herausgeberin

Dr. Marion Friers studierte in Freiburg und Heidelberg Politikwissenschaft, Germanistik und Pädagogik. Die promovierte Politikwissenschaftlerin und versierte Kommunikationsexpertin hat ein breites Spektrum an Führungserfahrungen in unterschiedlichen Branchen. Sie verfügt über eine hohe Fachkompetenz im Bereich der Personal- und Organisationsentwicklung sowie in der strategischen Weiterentwicklung von Unternehmen und Geschäftsbereichen. Sie ist Expertin im Bereich Employer Reputation und Employer Branding. Zuletzt war sie als Geschäftsführerin Personal, Pflege & Kommunikation im Frankfurter Rotkreuz-Kliniken e.V. tätig. Die Frankfurter Rotkreuz-Kliniken e.V. waren die ersten Kliniken, die in Deutschland sehr erfolgreich eine Arbeitgebermarke etabliert haben.

Marion Friers (Hrsg.)

Employer Branding im Krankenhaus

Ein praxisorientierter Wegweiser

Verlag W. Kohlhammer

1. Auflage 2019

Alle Rechte vorbehalten
© W. Kohlhammer GmbH, Stuttgart
Gesamtherstellung: W. Kohlhammer GmbH, Stuttgart

Print:
ISBN 978-3-17-035801-0

E-Book-Formate:
pdf: ISBN 978-3-17-035803-4
epub: ISBN 978-3-17-035804-1
mobi: ISBN 978-3-17-035805-8

Für den Inhalt abgedruckter oder verlinkter Websites ist ausschließlich der jeweilige Betreiber verantwortlich. Die W. Kohlhammer GmbH hat keinen Einfluss auf die verknüpften Seiten und übernimmt hierfür keinerlei Haftung.

Vorwort

Gesunde und motivierte Mitarbeiter, genügend Bewerber, zufriedene Patienten, eine hohe Reputation – Employer Branding ist kein Allheilmittel. Aber ein wirkungsvolles Instrument, für alle, die in Krankenhäusern auch in schwierigen Zeiten auf eine erfolgreiche Zukunft setzen.

Anhand von Beispielen – aus der Praxis für die Praxis – zeigt dieser Wegweiser: Employer Branding ist möglich. Auch mit überschaubarem Budget. Und auch im Krankenhaus. Dieses Buch soll Mut machen und zeigen, wie Krankenhäuser eigene Strategien zur Gewinnung und Bindung von Fachkräften entwickeln und mit authentischer Kommunikation auf sich aufmerksam machen.

Employer Branding ist gezielte Arbeit an der Attraktivität des eigenen Krankenhauses als Arbeitgeber und geht damit jeden an, der Verantwortung trägt. Krankenhausdirektoren, Mitarbeiter in der Personalverwaltung, im Marketing, der Unternehmenskommunikation und im Qualitätsmanagement genauso wie Ärzte, Pflegekräfte, Verwaltungsmitarbeiter und Betriebsräte.

Dieses Buch ist eine Aufforderung einen Blick über den Tellerand zu wagen. Dazu trägt die Auswahl der Experten aus ganz unterschiedlichen Bereichen sicher bei. Universitätsprofessor, Blogger, Führungskräfte, Praktiker aus den Bereichen Kommunikation, Marketing oder Personal, sie alle vermitteln Denkanstöße und geben Impulse.

Alle Praktiker lassen einen Blick über die Schulter zu und zeigen, wie sie in ihren Einrichtungen die Entwicklung der Arbeitgebermarke angegangen sind. Sie zeigen welche Maßnahmen ergriffen werden können, um die eigene Arbeitgeberattraktivität zu steigern. Es werden innovative und kreative Beispiele für die Konzeption und Umsetzung der Marketingkommunikation vorgestellt. Eines ist dabei offensichtlich: Employer Branding ist nicht statisch, sondern die intensive und anhaltende Arbeit an der eigenen Unternehmenskultur.

Eines verbindet alle gezeigten Beispiele: Es sind die Mitarbeiter, die für die Entwicklung der Arbeitgebermarke von zentraler Bedeutung sind. Den Mitarbeitern zu vertrauen, in den Dialog zu gehen und deren Erwartungen ernst zu nehmen, sind die wichtigsten Voraussetzungen für ein wirksames Employer Branding. Wer dies beherzigt, braucht kein großes Marketingbudget, denn er gewinnt seine eigenen Mitarbeiter als Fans und Botschafter. Authentizität inbegriffen.

Gedankt sei allen Autorinnen und Autoren für die gute Zusammenarbeit, für die Offenheit und für die Bereitschaft andere an der eigenen Arbeit teilhaben zu lassen. Dank gilt auch den Teams, die hinter all den hier dargestellten Projekten stehen. Und den Chefs, die diese Projekte gefördert haben.

Besonderen Dank gilt meinem direkten Team in den Frankfurter Rotkreuz-Klini-ken, Yvonne Aulerich, Amelie Kohler, Carina Heye, Martin Camphausen, die mit viel Engagement und Kreativität an all unseren Projekten gearbeitet haben. Einen herzlichen Dank auch dafür, dass sie mich täglich darin bestärkt haben – trotz Widerstände – alles immer wieder infrage zu stellen und neue Wege zu ge-hen.

Danken möchte ich auch meinem Mann, der dieses Buchprojekt in der gan-zen Zeit kritisch begleitet hat.

Vor allem aber möchte ich dem W. Kohlhammer Verlag danken und hier vor allem Herrn Dr. Poensgen und Herrn Jannik Schwarz, nicht nur für die profes-sionelle und hervorragende Unterstützung, sondern vor allem dafür, sich auf ein praxisorientiertes »Best Practice«-Buchprojekt einzulassen.

Im Buch wurde – wenn von den Autor*innen nicht anders gehandhab – die männliche Form gewählt, dies ist jedoch nicht geschlechtsspezifisch gemeint, sondern geschah ausschließlich aus Gründen der besseren Lesbarkeit.

Frankfurt, September 2019
Dr. Marion Friers

Herausgeber- und Autorenverzeichnis

Herausgeberin

Dr. Marion Friers
Geschäftsführerin Personal, Pflege & Kommunikation
Frankfurter Rotkreuz-Kliniken e. V.

Autor*innen

Yvonne Aulerich
Referentin für Recruiting und Arbeitgebermarke
Frankfurter Rotkreuz-Kliniken e. V.

Prof. Dr. Christian Blümelhuber
Professor für strategische Organisationskommunikation an der Universität
der Künste Berlin

Kristin Brunner
Leiterin Unternehmenskommunikation von April 2014 bis März 2019
Bürgerhospital und Clementine Kinderhospital gemeinnützige GmbH

Axel Dittmar
Leiter Unternehmenskommunikation/Kliniksprecher
Klinikum Bielefeld gem. GmbH

Bianca Dotzer
Marketing und Öffentlichkeitsarbeit
Krankenhaus Barmherzige Brüder Regensburg

Carina Heye
Leiterin Unternehmenskommunikation
Frankfurter Rotkreuz-Kliniken e. V.

Henner Knabenreich
Blogger und Berater für Personalmarketing und Employer Branding
Personalmarketing2null

Kristina Lehner
Marketing und Öffentlichkeitsarbeit
Krankenhaus Barmherzige Brüder Regensburg

Angelika Mikus
Pressereferentin/Pflegekampagne
Universitätsklinikum (UKHD) und Medizinische Fakultät Heidelberg
(MFHD)

Doris Rübsam-Brodkorb
Leiterin Unternehmenskommunikation
Universitätsklinikum (UKHD) und Medizinische Fakultät Heidelberg
(MFHD)

Dirk Steinmetz
Referent Personalmarketing
Uniklinik Köln

Svenja Uihlein
Marketing und Öffentlichkeitsarbeit
Krankenhaus Barmherzige Brüder Regensburg

Inhalt

Vorwort 5

Herausgeber- und Autorenverzeichnis 7

1   Über Marken-Rhizome, Sinfonie-Orchester und den
    Birkenspanner: Ideen zum Employer Branding 13
    Christian Blümelhuber
    1.1   Wir ordnen den Marken-Wirrwarr 14
    1.2   Wir gestalten von Nummer zu Nummer bis rauf
          aufs Plateau 16
    1.3   Wir zeigen ein Herz für Tiere und spielen auch mal riskant   19
    1.4   Den Taktstock unseres Employer Branding-Orchesters über-
          reichen wir dem größten Künstler des letzten Jahrhunderts .. 22
    1.5   Mit Michael Schanze springen wir noch einmal durch
          den Text 25

2   Employer Branding als notwendige Maßnahme gegen
    den Fachkräftemangel 28
    Henner Knabenreich
    2.1   Fachkräftemangel ist hausgemacht 28
    2.2   Man kann nicht nicht Employer Branding betreiben 31
    2.3   Candidate Centricity – Der Bewerber im Mittelpunkt 34
    2.4   Es gibt kein »Weiter so!« in der Bewerberansprache 38

3   Von mitarbeiterorientierter Personalstrategie zum »Active
    Employer Branding« – »Teamgeist erleben« in den Frankfurter
    Rotkreuz-Kliniken 41
    Marion Friers
    3.1   Einleitung 41
    3.2   »Active Employer Branding« oder der Weg zum guten
          Arbeitgeber 42
          3.2.1   Ein neuer praxisorientierter Begriff: »Active
                  Employer Branding« 43
          3.2.2   Das Fundament des »Active Employer Brandings«:
                  Die Mitarbeiterorientierung 44
    3.3   Der Kern des Employer Brandings: Die Employer Value
          Proposition (EVP) 50

3.3.1   Die Employer Value Proposition: das werteorientierte
Alleinstellungsmerkmal   51
3.3.2   Employer Value Proposition: das Nutzenversprechen   52
3.4   Die Kommunikationsphase: Das Employer Branding
in den Frankfurter Rotkreuz-Kliniken   53
3.4.1   Personalmarketing, Candidate Journey und
Candidate Experience   54
3.4.2   Die Kampagne »Teamgeist erleben«   56
3.5   Schlussbemerkung   58

**4   annersder und stolz drauf – Vom Suchen und Finden einer
Arbeitgebermarke** **61**
Kristin Brunner
4.1   Das Rhein-Main-Gebiet: Ein hart umkämpfter Markt   61
4.1.1   Die Zielsetzung   62
4.1.2   Die Vorbereitung   62
4.1.3   Die Analyse   63
4.2   Markenkern und Kernbotschaft   64
4.2.1   Workshop   64
4.2.2   Die Marketingkampagne   66
4.3   Die Implementierung: Maßnahmenfahrplan und Roll-Out ...   72
4.3.1   Microsite als Informationszentrale   73
4.3.2   Roll-out   74
4.4   Das erste Fazit   74
4.5   Die Fortschreibung   75

5   Best Practices: Innovative Employer Branding Ideen **76**
Yvonne Aulerich, Carina Heye
5.1   Universitätsklinikum Heidelberg: Pflegekampagne
»Du wirst wachsen. Vielfalt Pflege. Seit 1561.«   77
*Die Fragen beantworteten Doris Rübsam-Bordkorb und
Angelika Mikus*
5.2   Uniklinik Köln »komm-zur.uk-koeln.de«   85
Die Fragen beantwortete Dirk Steinmetz
5.3   Klinikum Bielefeld gem. GmbH: #teildesganzen und
#alltagshelden   91
Die Fragen beantwortete Axel Dittmar
5.4   Krankenhaus Barmherzige Brüder Regensburg:
»Gute Pflege macht Schule«   101
*Die Fragen beantworteten Bianca Dotzer, Kristina Lehner
und Svenja Uihlein*

**6   Vom Aufsetzen einer Employer Brand zur permanenten
Kulturarbeit-»Teamgeist erleben«** **110**
Yvonne Aulerich
6.1   Geschafft: die Employer Brand ist sichtbar und hat Wirkung   110
6.2   Unsere Mitarbeiterinnen und Mitarbeiter als Botschafter   111

6.3   Außenkommunikation alleine genügt nicht – Arbeit an der Unternehmenskultur ist das Ziel 114

    6.3.1   Mitarbeiterinnen und Mitarbeiter gezielt fördern: Unsere Talentpfade 115

    6.3.2   Arbeitsbedingungen und Arbeitsumgebung 119

    6.3.3   Betriebliches Gesundheitsmanagement: Ein Thema für jeden Bereich 121

    6.3.4   Vereinbarkeit von Beruf und Familie und Beruf und Pflege 122

    6.3.5   Demografie Management 124

    6.3.6   Gesellschaftliches Engagement: Beruf und Ehrenamt .. 126

    6.3.7   Zukunftsthema: Umwelt und Ressourcenschutz 126

6.4   Abschluss 127

Stichwortregister 129

1 Über Marken-Rhizome, Sinfonie-Orchester und den Birkenspanner: Ideen zum Employer Branding

Christian Blümelhuber

Starten wir mit den Chefs. Mit Professor Brinkmann, mit Dr. House und Dr. Karel Sofa vom Krankenhaus am Rande der Stadt. Sie, die Superstars, hielten die Fäden in der Hand, kümmerten sich (mal mehr, mal weniger) um die Sorgen ihrer Mitarbeiter und trieben ihr Team zu Höchstleistungen, manchmal aber auch in den Wahnsinn. Und sie waren es, die das Markenbild der Schwarzwaldklinik, des Princeton-Plainsboro Teaching Hospital oder der orthopädischen Station des Bor'schen Krankenhauses bis heute prägen. Was aber wären sie, die Stars im weißen Kittel, die Serien, ja, die Marken, ohne Oberschwester Hildegard, ohne Remy Hadley, die Bewerberin mit der Nummer Dreizehn, und ohne das naive »Täubchen« Marta Hunková-Penkavová? Erst das Zusammenspiel (und diese Erkenntnis gilt für die Behandlung eines Patienten genauso wie für den Serien-Triumph und die Marken-Kultivierung) ermöglicht den Erfolg – auch wenn einige Erlebnisse und einzelne Akteure vielleicht herausstechen (Aguinis und O'Boyle 2014, Rosen 1981) und in den Kontexten professioneller Hochzuverlässigkeits-Organisationen (Mintzberg 1992, S. 255 ff., Bagnara et al. 2010, Roberts 1989) nach wie vor hierarchische Strukturierungen den Teamgedanken überschreiben.

Ich bin sicher, dass Sie (als Krankenhausmanager, als Markenspezialist oder »einfach« als aufgeklärter Leser dieses Sammelbandes) den Serienfan belächeln. Wie er (und oft ist »er« auch eine »sie«) der (vermeintlich) heilen Welt von früher nachhängt und sich aus der Genialität des Dr. House, der Empathie des »Täubchens« und der Wohlfühloase des glottertal'schen Klinik-Hotels auf 4-Sterne Niveau seine Erwartung an einen Krankenhausaufenthalt zusammenbastelt. Ja, das ist weltfremd.

Aber ähnlich naiv, wie sich ihre Patienten vielleicht den Klinikalltag vorstellen – nein, ihn sich wünschen – stellen sich Manager und Mitarbeiter auch häufig die Realität und Wirksamkeit organisationaler Innovationen und lautstark vermarkteter Erfolgsstrategien vor: Auch hier überwiegt die Hoffnung, dass sich der theoretische bzw. narrative Kitsch erfüllt. Die Bereitschaft, die Ressourcen, die für die organisationale Umsetzung und Kultivierung der jeweiligen Strategien notwendig sind, aufzubauen bzw. bereitzustellen, die ist deutlich schwächer ausgeprägt.

Sie spüren schon, der Sound meines Beitrages ist nicht blind euphorisch, sondern durchaus nüchtern-kritisch. Das wird direkt mit der nun folgenden Fragen-Sammlung deutlich:

Braucht es dort, wo es um Leben und Tod geht, wo Angst auf Empathie trifft, und jeder Fehler zur Katastrophe führen kann, eine Strategie, die meist laut, oft frivol-glamourös und immer irgendwie dauer-lächelnd daherkommt und die

Happiness zur Maxime erhebt (Bruhn und Schnebelen 2017)? Bauchen Kranken-häuser Marketing? Müssen sie nun gar zu Marken werden? Und sich so wie Scho-koriegel, Serienevents und Sportstars, wie Konsumartikel, Königshäuser und Krankenkassen den Regimes des mentalen und ästhetischen Kapitalismus (Franck 2005, Böhne 2016) unterwerfen?

Egal wie Sie die Frage beantworten: Sie sind eine Marke. Ihr Krankenhaus ist eine Marke. Und Sie alle produzieren Marketing, vielleicht sogar ohne Marketing zu machen. Das klingt widersprüchlich und deswegen lösen wir das nun auch auf.

In vier Kapiteln, die sich an die zentralen Herausforderungen des sog. »Em-ployer Brandings« heranschleichen, versuche ich Ideen zu liefern, wie sie das Em-ployer Branding zur Erfolgsstrategie entwickeln und das Kapital Ihrer Marke(n) heben. Dazu operieren wir in einem konzeptionellen Dreieck aus Organisations-, Marketing- und Leadership-Themen. Und da Markenmanagement auch immer etwas mit Kunst zu tun hat, kommen wir daran auch nicht vorbei.

1.1   Wir ordnen den Marken-Wirrwarr

Starten wir damit, dass wir den sperrigen Ausdruck des Employer Branding zer-legen und dieses gefährliche Konzept so etwas bändigen:

zur Marke bzw. zur »*Brand*«:

Marken sind heute die wichtigsten Signale, um in immer unübersichtlichen Wel-ten den Überblick zu behalten. Sie verdichten unsere Wirklichkeit und erzählen Geschichten. Und machen damit komplexe Strukturen, wie bspw. die eines Krankenhauses, erzählbar, erlebbar und bewältigbar. Sie sind quasi die Kompen-sation für die Unübersichtlichkeit unserer Welt. Eine Art Marquard'scher Teddy-bär der uns »die eiserne Ration an Vertrautem« (Marquard 2007, S. 87) schenkt, uns mit dem Bewährten, Stabilen und Wohlbekannten versorgt, damit wir im Dauerstrom des Neuen und den Stromschnellen einer entfesselten Moderne nicht untergehen. Oder, um es in Management-Deutsch zu sagen: Die flüchtige, anonyme Welt (des Krankenhauses, der Moderne,) wird erst erträglich über die Rahmung durch eine verlässliche, emotional aufgeladene Marke.

zur »*Employer* Brand«

Wenn uns starke Marken überzeugen, so erzählen sie inspirierende Geschichten und binden uns ein in Geflecht an Beziehungen (Fournier 1998). Nicht nur die »Kunden«, sondern auch ihre Investoren, Händler, Partner – und Mitarbeiter. In der Sprache der Ökonomie sind dann alle Stakeholder – damit bezeichnet man

»any group or individual who can affect or is affected by the achievment of the organization's objektives« (Freeman 2010, S. 46) – Teil. der Marke, produzieren sie mit – und profitieren (hoffentlich) von ihr. Mitarbeiter spielen dabei mindestens eine Doppelrolle:

1. Einmal prägen sie, gerade in Dienstleistungs-Kontexten, als »Gesichter« die Marke. Es sind ihre Handlungen, Entscheidungen und Erzählungen, die die Dienstleistungsmarke erlebbar machen und ihr das Maß an Sympathie und Kompetenz einhauchen, das die Attraktivität der Marke prägt.
2. Und dann sind sie selbst »Zielgruppe« des Markenmanagements. Die Marke ist für sie ein identitätsstiftendes Angebot – eine Art »corporate identity« – das ihre Beziehung zum potenziellen oder tatsächlichen Arbeitgeber formt, das implizite und explizite Spielregeln definiert und Handlungen ermöglicht (brand empowerment) oder ausschließt.

Diese interne Marken-Profilierung gewinnt durch den Mangel an geeignetem Fach- und Führungspersonal stark an Bedeutung: Das Schlagwort vom »war for talent« hat nicht nur Eingang gefunden in Wissenschaft und Praxis, sondern eben auch in Markennarrationen. Diese versprechen sowohl Kostenvorteile (aufgrund von Effizienzvorteilen in der Personalbeschaffung und aufgrund geringerer Fluktuation) als auch Produktionsvorteile aufgrund höherer Leistung. Kein Wunder, dass sich auch Krankenhäuser als attraktive Arbeitgeber profilieren und auf das Konzept des Employer Branding – also den Auftritt des Unternehmens als Marke vor dem Publikum potenzieller und aktueller Mitarbeiter – setzen wollen.

Wenn in Beziehungen heute beide Parteien, Arbeitgeber und Jobsuchende, etwas zu gewinnen und etwas zu verlieren haben, dann wollen/müssen sie beide eben auch signalisieren, dass sie die richtige Wahl sind. Deswegen investieren sie in »*Impression Management*« (Goffmann 1959, S. 208 ff) auf der einen und *Employer Branding* auf der anderen Seite.

zum Employer Brand*ing*:

Die wichtigste Idee des Employer Branding steckt m. E. in drei kleinen Buchstaben, im »-ing«. Denn erst in der Form des Verbs wird deutlich, dass eine Employer Brand weniger als »operande Ressource« (Madhavaram und Hunt 2008, S. 69) gedacht werden sollte, sondern als Daueraufgabe, die eigentlich nie endet.

Employer Branding bedeutet, ein attraktiveres Ideologie-Angebot als die Wettbewerber bereitzustellen, an öffentliche Diskurse anzuschließen und durch die darin zum Ausdruck kommenden Positionen (Manche nennen das Positionierung) Orientierung zu liefern. Vor allem aber muss die Marke erlebbar gemacht werden. Und das funktioniert, in dem eine Revue an attraktiven Nummern (oder Brand Experiences: Schmitt 2011) angeboten, und von motivierten Markenbotschaftern umgesetzt wird.

Doch Vorsicht: Employer Branding kann zwar einen Fokus setzen, allerdings kann es sich im Markenmanagement *immer nur um ein Ganzes* handeln.

15

Wenn Employer Branding aber impliziert, dass es sich um unterschiedliche Marken handelt, quasi eine, nämlich die Employer Brand, für die Zielgruppe der Mitarbeiter und Bewerber und eine (oder mehrere) andere für die restlichen Zielgruppen (und dabei insbesondere für die »Kunden« bzw. »Patienten«) dann gilt der berühmte Funkspruch von John Swigert während der Apollo 13-Mission auch für diesen Beitrag und wir vermelden: »Houston (oder wo immer auch sich ihr Krankenhaus befindet) we have a problem«. Denn eine Differenzierung in »Employer Brand« und »Hospital Brand« kann immer nur künstlich und damit auch nur wenig sinnvoll sein. Schließlich sind – und nun folgt ein Argument für die Logiker unter meinen Lesern – die Bezugsobjekte ja *identisch*. Und wie soll das auch praktisch funktionieren? Soll sich ein Krankenhaus den Mitarbeitern gegenüber anders präsentieren, als den Patienten gegenüber? Und sollen die Pfleger*innen und Ärzt*innen unterschiedlich gebrieft werden, je nachdem ob wir sie in der Rolle als Dienstleistungs- und damit Marken-Produzent oder in ihrer Rolle als Mitarbeiter ansprechen? Ein solcher Wirrwarr wird ihrer Marke nur schaden. Seien Sie gewarnt! Und entwickeln Sie ihr Employer Branding zusammen mit der Unternehmensmarke.

Widerstehen Sie also der Versuchung, die Facetten Ihrer Marke(n) so zu dramatisieren, dass eine Markenvielfalt entsteht, die dann auch von unterschiedlichen organisationalen Einheiten (HR versus Marketing/PR beispielsweise) bespielt wird. Ja, im Markenmanagement und -*leadership* schwingt immer etwas Ambivalenz mit: konkret bedeutet dies, dass es einerseits Chefsache ist, andererseits aber auch die Aufgabe der gesamten Mannschaft. Ein »Drittes« (also eine weitere organisatorische Einheit, die sich einzelner Zielgruppen annimmt) ist in diesem Spiel nur wenig effizient und effektiv!

Wenn es um die Umsetzung des (Employer) Branding geht, dann rückt zunächst eine Disziplin in den Fokus, die es heute generell sehr schwer hat. Die unbeliebt ist, und das nicht nur, aber auch wegen hausgemachter Probleme: das Marketing.

Weil sich die Kunden von Unmengen schlechten Marketings belästigt fühlen, wollen sie erst gar nicht mehr hinschauen. Und wer soll es ihnen verdenken, man denke nur an schmierige Verkäufer, an dreiste Manipulationsversuche, unterirdischen Service und dumm-dreister Marken-Slogans.

Und doch muss es sein. Ohne Marketing geht es nicht. Machen Sie es besser. Zum Beispiel so:

1.2 Wir gestalten von Nummer zu Nummer bis rauf aufs Plateau

Andrea: »Hey, ich hab gehört, Deiner Mutter geht es nicht so gut?«
Karsten: »Ja, die Arme liegt mit zweifachem Schädelbasisbruch im Krankenhaus.«
Andrea: »Oh weh! Wie ist das denn passiert?«

Christian: »Sie ist einfach zusammengeklappt. Die Ärzte wissen noch nicht, wieso.«
Andrea: »Na hoffentlich ist sie in einem guten Krankenhaus und wird umfassend untersucht! Damit ist ja nicht zu spaßen!«
Christian: »Sie meint, dass schon tausend Untersuchungen gemacht wurden und man sich gut um sie kümmert. Dort in Gesundenhausen. In der Klinik«
Andrea: »Na um Gottes Willen! Lass Sie bloß schnell nach Gesundenburg verlegen! Wirklich!«
Christian: »Wieso das denn?«
Andrea: »Weil in Gesundenhausen, da herrscht das Chaos! Also ich würde mich da nicht behandeln lassen! Auf keinen Fall! In Gesundenburg ist es viel viel besser! Ich würde immer schauen, dass ich dort hinkomme!«
Christian: »Ach ja. Und woher weißt Du das?«
Andrea: »Weil ich im Krankenhaus in Gesundenhausen arbeite. Als OTA.«
(Gedächtnisprotokoll eines zufälligen Treffens mit Andrea im September 2018)

Der Rohstoff des Marken-Marketings sind keine Werbeanzeigen, keine social-media-posts und auch keine Markenlogos, sondern pornomorphe Nummern (Blümelhuber 2010, S.51 ff) Das heißt: Ihr Marken-Marketing setzt sich zusammen aus den einzelnen Kontakten des »Rezipienten« mit dem Dienstleister, also dem Krankenhaus, der Pflegerin und der Küche. War die Nummer befriedigend – oder nicht? Was erlebt der Patient, was der Besucher, was der Pfleger und der Arzt im Krankenhaus? Beim Empfang? In der Radiologie? Der Teambesprechung und der Hausmitteilung? Wenn er die Zeitung durchblättert und sein Auge eine Anzeige streift? Wenn ihm seine Freunde, wie in der kurzen Einführung zu diesem Kapitel, von ihren Erlebnissen berichten? Wenn er die Atmosphäre seiner Station erlebt? Genau diese »Nummern« sind der Kern des Marken-Marketings. Sie entscheiden über Ab- oder Zuneigung, über Treue oder Wechsel(absicht), über Erfolg oder Misserfolg.

Das gilt es gerade im Krankenhausmarketing sehr genau zu verstehen:

1. Fragen Sie sich: Welche Nummern prägen unser Markenbild wirklich? Sind sie »merk-würdig« oder schnell vergessen? Werden sie als positiv erlebt und kreieren so ein implizites »Like« (Dimofte 2010)? Oder bewegen sie den Kontostand Ihrer Marke ins Negative und schwächen das Marken-Image und die Marken-Zufriedenheit?
2. Zweitens sollte man sich bewusst sein, dass unendlich viele Kleinigkeiten wahrgenommen und interpretiert werden. Es ist beinahe unmöglich, ganz und gar die Kontrolle zu haben. Jedes Erlebnis, jeder Moment von Stress durch ungenügende Personaldichte, jede wahrgenommene Ungerechtigkeit des Vorgesetzten und jede Unzufriedenheit eines Patienten kann entscheidend sein, und wer will behaupten, das alles ganz genau im Griff zu haben? Der Markenkunde oder Patient, jeder Mitarbeiter und Bewerber »produziert« sein Markenbild viel eigenständiger, als es die Markenbürokraten in der Regel voraussetzen.
3. Wenn das Markenbild also immer und überall, in jedem Kontakt und bei jeder Nummer im Entstehen ist, dann sollte man drittens alle Mitspieler darauf

einschwören, dass sie das Marketing, dass sie die Marke sind. Dass sie es sind, die die entscheidenden Nummern produzieren und damit die Wahrnehmung des Krankenhaues durch die Kunden, die Patienten, die überweisenden Ärzte, die finanzierenden Krankenkassen, Bürgermeister und Landräte, die Kollegen – und solche, die es werden sollen oder wollen – prägen. Um es rein sprachlich auf die Spitze zu treiben: Employer Branding ist immer auch Employee Branding.

Die Marke entfaltet ihren wahren Wert dann, wenn der Rezipient in dem was er zunächst als Nummernfolge wahrnimmt eine »Handschrift«, ein »Muster«, quasi: einen »Stil« erkennt. Wenn er aus den im episodischen Gedächtnis abgespeicherten Eigenschaften die Substanz der Marke extrahiert.

Manche Promotoren des Marken-Konzeptes sprechen dabei noch immer gerne vom sog. Markenkern. Lassen Sie sich nicht verwirren, denn trotz erheblicher Anstrengungen wurde der Markenkern (oder spezifisch: ihr Markenkern) noch immer nicht gefunden. Und erst recht kein interindividueller, also von allen Marken-»Kunden« geteilter Kern.

Ich empfehle die Marke bzw. ihre Substanz als Geflecht, oder wie Gilles Deleuze und Felix Guattari (1999) sagen würden: als Rhizom, zu verstehen: Das Geflecht eines Rhizoms verwebt unterschiedliche, heterogene Elemente zu einer Konstellation (einer Gestalt), das im besten Sinne eindeutig abgrenzbar ist, das man wahrnehmen kann und das im Idealfall positiv erlebt und erinnert wird.

Komponiert ist ein solches Markenrhizom u. a. aus folgenden Komponenten, die aus den einzelnen Nummern abstrahiert werden:

1. Die *Substanz* bzw. das *Credo* der Marke, quasi ihr Glaubensbekenntnis (Zernisch 2004, S. 33). Dies ist kein Produkt der Ratio, sondern eine Art Mythos, auf den sich die Community der Markenführer und -folger verständigt. Diesem Glaubensbekenntnis tritt man letztlich bei, wenn man als Mitarbeiter die Marke vertritt. Deswegen sollte es auch jeder neue Mitarbeiter vor der Einstellung kennen und unterzeichnen.
2. Das »*Branding*« der Marke. Klassischerweise bezeichnet das Branding die visuellen Elemente einer Marke, die ihre Wiedererkennung sichern, bzw. einzelne Elemente oder »Nummern« markieren, und so zu einer Marke klammern. Das sind die Logos, Farben oder sonstigen Symbole wie die Uniformen des Krankenhauses.
3. Sog. »*Signature Stories*«. Darunter verstehen wir mit Aaker und Aaker (2016, S. 50) »intriguing, authentic, involving narrative(s) with a strategic message that clarifies or enhances the brand, the customer relationship, the organization, and/or the business strategy«. Es sind also diese (i. d. R. selbst erlebten) Geschichten, die Aufmerksamkeit erzeugen, die Erzähler und Publikum fesseln und die die Substanz der Marke auf den Punkt bringen bzw. zugänglich machen. Gerade für Bewerber sind diese »charakteristischen Geschichten« glaubwürdige Signale, wenn es gilt, sich für oder gegen eine Krankenhaus-Marke zu entscheiden.

Der Clou der Rhizom-Idee ist nun, dass sich Rhizome zwar stetig verändern und weiterentwickeln, sich in diesen Prozessen für den Betrachter aber auch immer wieder (quasi punktuell) stabilisieren. Was im besten Falle entsteht sind *vibrierende Intensitätszonen*, in denen sich die Marke dem Betrachter so präsentiert, dass sie ihr Potenzial voll ausschöpft. Diese Intensität bezeichnen wir als Plateau und überschreiben damit das veraltete Konzept des Kerns.

Wenn wir nun auf die Zielgruppe der Bewerber oder Mitarbeiter scharf stellen und im Sinne der Effizienz an den Plateaus ansetzen wollen, dann fokussiert sich ein Krankenhaus-Employer-Branding-Management (welch Wortungetüm) beispielsweise an den robusten Stufen (als einzelnen Plateaus) einer »Candidate Journey«. Wenn es darüber gelingt, ein möglichst konsistentes, positives und chancenreiches Bild der Organisation zu zeichnen, quasi einen Sehnsuchtsort (oder eine Nummer kleiner: das Image eines ›great place to work‹) zu kreieren, erschafft man die überlebenswichtigen Wettbewerbsvorteile (z. B. auf dem immer enger werdenden Markt für kompetente und motivierte Mitarbeiter).

Die Designer solcher Plateaus werden Kontexte kreieren in denen solch unvergessliche, außergewöhnliche Nummern möglich werden, die alle Sinne der Bewerber ansprechen (bspw. Schmitt 2011, S. 99 ff.) und ein positives Bild des Anbieters zeichnen. Natürlich berühren die »Candidates« nicht nur die »offiziellen« Nummern und Berührungspunkte (Baxendale et al. 2015), sondern auch unabhängige Dritte und Peers. Zum Beispiel solche Bewerber-Kollegen, die nicht eingestellt wurden. Vergessen Sie nicht, dass gerade diese, im Bewerberprozess erfahrenen, Kandidaten als Quelle besonders glaubwürdig sind. Sie haben – um einen berühmten, nach Goethe bezeichneten Effekt zu zitieren – unter Palmen gewandelt und so eine Gesinnung der Marke erlebt. Im Original der Wahlverwandtschaften (Goethe 2009, S. 222) heißt dieser Palmen-Effekt: »Es wandelt niemand ungestraft unter Palmen, und die Gesinnungen ändern sich gewiß in einem Lande, wo Elefanten und Tiger zu Hause sind«.

1.3 Wir zeigen ein Herz für Tiere und spielen auch mal riskant

Die klassische Strategie-Logik des Marken-Marketings erzählt Geschichten vom Kunden als König und einem Marketing das die Fitness eines Chamäleons nachzuahmen versucht. Übertragen auf das interne Marketing und das Employer Branding verlangt diese Idee der »Kundenorientierung«, den Mitarbeiter ins Zentrum aller Betrachtungen zu stellen. Gerade im Dienstleistungsbereich hat diese Sichtweise Tradition. So beginnt die *Service-Profit-Chain*, die empirisch den Weg zur Profitabilität in Dienstleistungsorganisationen managt und misst, nicht beim Kunden (und seiner Zufriedenheit), sondern beim Mitarbeiter. In den Worten der Entdecker dieses Konzepts liest sich das folgendermaßen:

»(Customer) Satisfaction is largely influenced by the value of services provided to customers. Value is created by satisfied, loyal, and productive employees. Employee satisfaction, in turn, results primarily from high-quality support services and policies that enable employees to deliver results to customers« (Heskett et al. 2008, S. 120).

Aus diesen unscheinbaren Sätzen lassen sich nun gewaltige Aufgaben für ein Krankenhausmanagement und sein Employer Branding ableiten. Beispielsweise, dass man heute sog. »Vice Presidents of Medical Mission« einrichtet, die sich um die Wellness der Ärzte kümmern, um so Burnouts und ganz allgemein um Unzufriedenheit zu verhindern. Die Idee ist super – trotzdem werden wir nun etwas grundsätzlicher:

1. Wenn die Mitarbeiter mit all den Instrumenten und Handlungsmöglichkeiten ausgestattet werden, die sie benötigen, um ihre Rolle auch ausfüllen zu können, dann ändert sich die Rolle des Vorgesetzten. Mehr noch: Es ändert sich die Strukturierung der Organisation. Delegation und Partizipation, Kommunikationswege und Entscheidungsrechte werden neu verhandelt. Und wahrscheinlich ist die zentrale organisationale Frage dann sogar falsch gestellt: Wenn es darum geht im Kundenkontakt hohe Qualität zu liefern, so ist die primäre organisationale Frage nicht die nach Anordungsbefugnissen und hierarchischer Macht, wie sie in der klassischen Organisationspyramide zum Ausdruck kommt. Sondern die nach der Unterstützung der Mitarbeiter im Kundenkontakt durch das Mittlere und das Top-Management. Um diesen Perspektivenwechsel auch anschaulich zu verdeutlichen wird die traditionelle Organisationspyramide gedreht. Oben sind die Kunden und die Mitarbeiter im Kundenkontakt – und der Rest der Organisation ist darauf ausgerichtet, die notwendige Unterstützung zu leisten, so dass an dieser kritischen Schnittstelle die best-mögliche Leistung erzielt werden kann.
2. Noch breiter gedacht: Wenn sich die professionelle Bürokratie der Krankenhäuser nach einer Re-Organisation der traditionellen, funktionalen, disziplinenorientierten Strukturen sehnt (Lega und De Pietro 2005), gewinnen netzwerkartige, teambasierte Strukturen an Gewicht »which facilitate (d Verf) communication, ownership and empowerment« (Willcocks 1998, S. 176). Beachten Sie bitte die Jahreszahl dieses Zitats. Bereits vor über zwanzig Jahren beschrieb Willcocks einen möglichen (vielleicht sogar: notwendigen) Wandel, der, wenn man die Erwartungen der heutigen Generationen an die Arbeitgebermarke ernst nimmt (zu den Generationen Y und Z: Scholz 2014, S. 75 ff., 143 ff.), aktueller denn je ist.
3. Im Mittelpunkt der Service-Profit-Chain (und des Dienstleistungsmanagements allgemein) steht eine stets von äußeren Reizen ausgelöste, angenehm oder unangenehm empfundene (pleasure) und mehr oder weniger stark erlebte (arousal) Emotion: die Zufriedenheit. Dem populären confirmation/disconfirmation-Paradigma folgend (Oliver 1980), versteht man darunter das Ergebnis eines Soll-Ist-Vergleiches, der die konkrete, wahrgenommene Performanz (Ist) den Erwartungen der betreffenden Person (Soll) gegenüberstellt. Natürlich müssen Wünsche und Bedürfnisse von Bewerbern, Mitarbeitern und Patienten nicht einfach so hingenommen werden. Erwartungen lassen

sich – wir verorten uns schließlich im Marken-Marketing – auch beeinflussen. Zum Beispiel, indem man seine Marken-Substanz klar und deutlich kommuniziert.

So überzeugend diese Idee der Kundenorientierung auch ist: Zwei zentrale Fragen bleiben offen:

1. Wird die Idee im tagtäglichen Wahnsinn einer dauerhaften Überforderung von Organisationen auch tatsächlich umgesetzt? Und wenn ja:
2. Kann eine so verstandene Orientierung am Kunden bzw. am Mitarbeiter auch zu den versprochenen Wettbewerbsvorteilen führen? Oder ist diese klassische Orientierung am Kunden nicht eher eine sog. »must-be«-Dimension, die in kompetitiven Märkten heute einfach vorausgesetzt (Kumar et al. 2011), nicht aber positiv honoriert wird?

Statt Antworten biete ich Ihnen einen Alternativansatz, der die aktive, die offensive Variante der »Kunden«- oder »Mitarbeiter«-Orientierung ins Spiel bringt. Das Motto lautet: »Driving Markets« nicht »Market Driven« (Kumar et al. 2000). In unserer Metaphern-Revue ersetzt nun der Pfau das Chamäleon. Mit Darwin (1889, S. 207 ff.) formuliert, setzen wir dabei auf die ›sexual‹ und nicht (mehr) auf die »natural selection«. Nicht die Anpassungsfähigkeit sichert also das Überleben, sondern die »sexyness«. Attraktivität gewinnt. Oder etwas nüchterner: Erfolg durch »strategic supremacy« (d'Aveni 1999).

Offensive Marketer nehmen die Strukturen und das Verhalten von/auf Märkten nicht einfach hin, sondern beeinflussen es aktiv, in dem sie neue Präferenzen schaffen oder existierende umkehren. Ein solch offensiv ausgerichtetes (Employer-)Marketing braucht überraschende »Spielzüge«, die Tugend des »risk taking«, einen Heroismus, der das Scheitern stets einkalkuliert, und … einfach gute Ideen. Nicht nur eine, wie die vom »Vice President of Medical Mission«, sondern viele. Die gilt es auszuprobieren, um Interessenten und Mitarbeitern neue Welten zu eröffnen (in der Theorie heißt das »Disclosing New Worlds«: Spinosa et al. 1999) und dem Unternehmen stärkere Bewerbungen, glücklichere Mitarbeiter und einfach eine bessere Atmosphäre.

Das wichtigste Wort (Konzept) meines letzten Gedankens – ausprobieren! – führt uns zu einem dritten Tierchen: Dem Birkenspanner, einem Nachtfalter, dessen Flügel aussehen wie Birkenrinde. Als sich im 19. Jahrhundert die Luft mit Ruß aus Fabrikschloten füllte, hatten »plötzlich« schwarze Birkenspanner Konjunktur. Die Spezies passte sich nicht im langsamen Evolutionstempo, sondern ad hoc an. Darwinistisch gesprochen eine Exaptation (Gould und Vrba 1982): eine spontane, kreative Anpassung. Im Marketing vermögen das die sog. Sperm-Strategies. Strategische Experimente. Schnelle Neuinterpretationen, die die »Künstler« Ihres Krankenhauses in der Regel besser leisten als Ihre Controller. Sie schlagen der trägen Anpassung mittels »creatio ex nihilo« ein Schnippchen. Oder: Nicht den ewigen Evergreens altbackener Fachbücher (zum Marketing oder Employer Branding) folgen, sondern mit Außenseiterpraktiken mehr Flexibilität jenseits des Mainstreams hervorkitzeln. Das schafft Differenzierung, und die schafft Aufmerksamkeit, und beides stärkt das Markenkapital und damit das Potenzial Ihrer (Employer) Brand.

1.4 Den Taktstock unseres Employer Branding-Orchesters überreichen wir dem größten Künstler des letzten Jahrhunderts

Als Vorbild für ein starkes Marken-Leadership empfehle ich Ihnen den größten Künstler des letzten Jahrhunderts. Und damit meine ich nicht Andy Warhol, nicht Salvador Dali oder Marcel Duchamp, und auch nicht Jeff Koons. Wir folgen – und das ist im Diskurs um Führung und Leadership ja nicht unüblich, vielleicht aber auch nicht mehr politisch korrekt – einem Soldaten. Einem früheren Air Force-Sergeanten, der sich mit glücklichen Wölkchen über majestätisch-purpurnen Bergen Kultstatus ermalte. Meine Empfehlung: Folgen Sie dem großartigen Bob Ross (ausführlicher: Blümelhuber 2018). Dessen Werk erklärt sich nicht aus seiner Musealität – es erklärt sich aus seinen Followern. Also dadurch, dass und wie es ihm gelang Couch-Potatoes, quer durch alle (Bildungs-) Schichten, in die Finessen der Landschaftsmalerei einzuführen.

Jeder mag Bob Ross. Generationenübergreifend. Mein Vater mag ihn genauso wie mein Sohn, die dauerironisierende MTV-Generation findet ihn genauso großartig wie die dauerverwöhnten Z'ler: Alle sind sich einig, in ihrer Bewunderung für den Mann mit Kultkrause, Palette, Spachtel und Leinwand. Nicht einmal Jutta Ditfurth und Jakob Augstein haben etwas auszusetzen. Welche Marke kann das schon von sich behaupten?

Ja, man kann seine Bilder »disliken« und als trivialen Kitsch ignorieren. Seine Liebe und Leidenschaft aber, die stecken an. »He has so much« liest man in Internetforen immer wieder. Bob Ross ist nicht der glatte Fernsehstar, der schmierig um Anerkennung buhlt oder laut nach Aufmerksamkeit schreit. Im Gegenteil: Bob Ross ist leise. Sehr leise. Der Sanftheit seiner samtweichen, friedfertigen Hypnosestimme gibt man sich widerstandslos hin. Bob Ross ist nicht nur Lehrer, sondern auch Entspannungsprogramm. Ein Mantel aus Glückseligkeit.

Ist der, also der gerade angesprochene Mantel, nicht die passende Ausrüstung, wenn sich Unsicherheitszonen immer weiter ausweiten? Wenn jeder, der in eine Organisation (ein Krankenhaus) eintritt auch – und jetzt nutzen wir ein Bild des ›Ökonomen‹ Michel Houllebecq – in eine Kampfzone eintritt, braucht es dann nicht kompensatorische Sicherheiten? Ein Klima, in dem man sich als Mitarbeiter auch ausprobieren kann, in dem man wachsen und glücklich werden kann (siehe Brand Happiness). Dazu muss der sog. »operating core« der Organisation (Mintzberg 2009 bezeichnet damit den betrieblichen Kern bzw. die wertschaffenden Einheiten einer Organisation) auch vernünftig ausgestattet und abgesichert sind. Und darum kümmern sich die Leader. Denn sie wissen: Wen man ins Risiko schickt, der braucht auch Sicherheit. Und wenn man wohlige Sicherheit bietet, dann kann die Führungs-Hantel nur ausbalanciert werden, wenn man seine Follower andererseits auch stets herausfordert eigene Entscheidungen zu treffen, sich und das Team weiterzuentwickeln, mit innovativen Ideen (die natürlich von der Marken-Idee gedeckt sind) zu überzeugen.

Auch wenn Bob es mit Millionen von Followern aufnimmt, im Haifischbecken moderner Krankenhaus-Organisationen braucht es ein etwas ausgewogeneres Mischungsverhältnis:

Biologen, die über das Führungsverhalten in Fischschwärmen forschen haben erkannt, dass es ca. 5 bis 10 % einer Population braucht, um eine (neue) Richtung vorzugeben, an der sich dann alle anderen orientieren. Das Ergebnis bestätigt sich übrigens, wenn man Menschen, statt Fische, analysiert. 5 bis 10 % eines Unternehmens (oder einer Abteilung, eines Projekts oder…) braucht man also als Leader. Das ist die harte Währung der Führung ihrer »Employer Brand«: 5 bis 10 % der Belegschaft müssen mit der Marke so infiziert sein, dass sie voran gehen. Das sind dann Führungspersonen aus dem Management der Klinik, aber auch organisationale Helden vom Kaliber eines Dr. House, eines Dr. Sofa und Prof. Brinkmann.

Die Employer Brand also alleine und hinter den Türen der HR- oder Marketing-Abteilung auszugestalten, wird fehlschlagen. Man braucht auch und gerade das medizinische Personal (es prägt ja die Erlebnisse) zur Umsetzung. Das ist eigentlich eine Selbstverständlichkeit – aber in zahlreichen Organisationen erkenne ich eine Trennung des operativen Geschäfts (also das Personal »an der Patientenfront«) und des dispositiven Faktors (das Management, das seinen Beitrag hinter der »line of visibility« (Shostack 1984, S. 135) leistet). Diese Trennung ist auch eine mentale. Wer kennt keine Geschichten von »Oben« und »Unten« oder von der »Praxis«-Ferne der Verwaltung. Für ein Markenmanagement sind solche Entfremdungen natürlich gefährlich. Betont die Marke doch immer eine Einheit, ein Zusammenspiel, ein Muster.

Wechseln wir nun die Künste und orientieren uns an der Musik, um die Frage zu klären, welche Art von Leadership denn nun erfolgversprechend ist: Dazu »organisieren« wir einen kleinen Wettbewerb zwischen zwei ganz Großen:

In der einen Ringecke: Riccardo Muti: Gewinner des Praemium Imperiale 2018 und einer der wichtigsten Mozart- und Verdi-Interpreten aller Zeiten. Ihn haben 700 eingeschüchterte Musiker der Mailänder Scala zwar als ihren besten Dirigenten gelobt, ihn aber auch gleichzeitig weggelobt und aufgerufen, doch endlich zu kündigen. Seine herrische, kompromisslose Virtuosität gewähre ihnen zu wenig Spielräume. Sie hätten, so klagen sie weiter, keine Möglichkeiten, sich künstlerisch weiterzuentwickeln. Er führt nach dem law-and-order-Prinzip. Vielleicht erinnert sie das ja an – Ihr Krankenhaus? Natürlich erreichte Muti großartige Ergebnisse – aber zu einem hohen Preis: seine Follower wollten ihm nicht mehr »followen« und streikten. Kein Wunder, schließlich ist der Handlungsspielraum, den Mitarbeiter wahrnehmen ein entscheidender Faktor, der die Mitarbeiter-Zufriedenheit prägt.

Ellen Langer, die Queen der Achtsamkeits-Bewegung, nahm sich dieses Themas experimentell an und bewies, dass ein größerer Handlungsspielraum nicht

23

nur das Dienstleistungs-Ergebnis verbessert (Kunden-Perspektive), sondern auch die Freude der »Employees« an ihrer »Arbeit«. Dazu teilte ihr Forscherteam (Langer et al. 2009) Sinfoniker, die ihre Arbeit erstaunlicherweise häufig sterbenslangweilig finden, in zwei Gruppen ein.

Die eine Gruppe spielte eine Sinfonie, indem sie eine Aufführung wiederholten, mit der der Dirigent und die Musiker selbst äußerst zufrieden waren. In den Worten der Wissenschaftler spielten sie »mindless«.

Die andere Gruppe spielte »mindful«: Sie sollten nicht nur der Vorgabe des Dirigenten folgen, sondern zudem – durchaus subtil – *ihr* Bestes geben, ihr »Geheimnis«, ihre »Ressourcen« in das Gesamterlebnis einbringen. Beide Aufführungen wurden aufgenommen und dann Fans klassischer Musik (also den Probanden) vorgespielt. Auch wenn die Ergebnisse die wenigsten (Manager) überraschen werden – sich auf die Konsequenzen einzulassen, das fällt dann vielen doch schwer. Denn es bedeutet, auf die Individualität seiner Mitarbeiter zu vertrauen, um ein attraktives Ganzes zu schaffen. Möglich ist das natürlich, wenn sich alle einer Marke verpflichtet fühlen.

Zurück zu unserem kleinen Kampf um die Dirigenten-Krone: Auf der anderen Seite des Rings steht Leonard Bernstein. Ohne überladene Symbolik, ganz ohne Taktstock und ausladende Bewegungen führt er mit einigen, wenigen Gesten. Fast entrückt, als würde er auf Ross'sche Wölkchen starren und seine Musiker anregen, mindful zu agieren, leitet er sein Orchester mit einem kleinen Lächeln, einem kecken Augenaufschlag und angedeutetem Lippenschürzen durch Strawinskis Frühlingsweihe oder die Haydn'sche Sinfonie Nr. 88. In der Vorbereitung schafft er es, dass Dirigent und Orchester das gleiche fühlen und denken. Er gibt den Musikern völlige Freiheit – und die notwendige Sicherheit. Das ist Bob-Ross-like. Das ist – und jetzt folgt ein aktueller Begriff aus dem Führungsdiskurs der Organisationstheorie – »post-heroisch« (Baecker 2015). Führungskräfte handeln nicht (mehr) autoritär oder selbstverliebt, sondern verbinden Erfolg und Innovation, individuelle und strukturelle Ressourcen und Human und Organisations-Kapital (Edvinsson und Brünig 2000, S. 27 ff.) geschickt miteinander. Zum Wohle aller.

Voraussetzung dafür ist, dass Führer und Mitarbeiter das gleiche fühlen und denken. Dass eine starke Kultur des gegenseitigen Respektes und des Verantwortungsgefühls der Marke gegenüber der Organisation prägt. Die postheroische Führung – und kann es eine andere geben? – setzt der herkömmlichen »Brand Bureaucracy« (Holt und Cameron 2010, S. 283 ff.) einer Employer Brand also eine Führungsidee entgegen, die ein Spiel definiert, das zwischen fixierten Elementen und Freiräumen oszilliert und dann, wenn es beide Seiten ausbalanciert, einen unverwechselbaren Stil entstehen lässt. Fixierung bedeutet, dass man sich auf einige wenige, stets einfache, Regeln – die sog. »simple rules« (Eisenhardt und Sull 2001) – verständigt. Zusammen mit den Leerstellen, die der Stratege ganz bewusst offen lässt, kreiert man so den Stil, der dem Employer Branding seine Strategie schenkt.

1.5   Mit Michael Schanze springen wir noch einmal durch den Text

»1, 2 oder 3«: Bei Michael Schanze und seinen Nachfolgern musste man sich noch entscheiden, welches der drei freien Felder das attraktivste (nein: das Richtige) ist. Solch harte Entscheidungskämpfe erspar ich Ihnen jetzt. Schließlich haben Sie sich durch den ganzen Text gekämpft. Als Dank dafür präsentiere ich Ihnen deswegen drei Felder, die sie alle drei »bespringen« können und sollen. Es wird sich lohnen.

1. Marken sind Gemeinschaftsaufgaben und entstehen immer dann, wenn Marken-Kunden (genauer: Marken-Rezipienten) merkwürdige Nummern erleben und die zu einem Markenbild (also zu »unserem« Rhizom) verdichten. Jeder, der für eine Marke arbeitet, arbeitet auch an und mit der Marke. So sind alle Mitarbeiter, egal welcher Disziplin auch Marken-Marketer. Quasi in ihrer Zweitbeschäftigung. Damit schaffen sie einen zentralen Wert, von dem alle wieder profitieren. Deswegen lohnen sich auch Anstrengungen im Markenmanagement – auch und gerade dann, wenn es gilt, Zweifler oder gar Saboteure (zu diesen »Zielgruppen« Meyer et al. 2008) mit ins Boot zu holen.
2. Ihre Marke ist Ihre Marke. Sie haben keine Zweite. Die Employer Brand geht in ihr auf. Das »Employer Branding« verstehen wir eher als symbolisches Signal und als Auftrag, den aktuellen und potenziellen Mitarbeitern mehr Gewicht im Marken-Spiel zuzugestehen. Und das ist – gerade im Dienstleistungs-Bereich–auch gut so. Natürlich kommt dies alles nicht umsonst: »There's no such thing as a free lunch!«, um es mit Milton Friedman (1975) zu sagen. Die Kosten des Employer Branding (und damit meine ich nicht die finanziellen) muss man tragen (wollen und können). Denken Sie nur an die Organisations-(re)form der umgedrehten Pyramide und die Idee einer postheroischen Führung.
3. Es gibt kein Modell, das Erfolg garantiert. Probieren Sie (sich) aus. Verpflichten Sie sich auf ein Credo und lassen Sie dann auch mal los!

Literatur

Aaker, D., Aaker, J. (2016): What Are Your Signature Stories? California Management Review. 3(58): 49–65.

Aguinis, H., O'Boyle Jr., E. (2014): Star Performers in Twenty-First Organizations. Personnel Psychology 67: 313–350.

d'Aveni, R. (1999): Strategic Supremacy through Disruption and Dominance. Sloan Management Review 3/40: 127–135.

Baecker, D. (2015): Postheroische Führung. Wiesbaden: Springer Gabler.

Bagnara, S., Paralangeli, O., Tartaglia, R. (2010): Are hospitals becoming high reliability organizations? Applied Ergonomics 5/41: 713–718.

Baxendale, S., Macdonald, E., Wilson, H. (2015): The Impact of Different Touchpoints on Brand Consideration. Journal of Retailing, 2/91: 235–253.

Blümelhuber, C. (2010): Seriell. Das Basisprinzip der modernen Moderne. Berlin: Parodos.

Blümelhuber, C. (2018): Leader, die Wölkchen malen. Neue Narrative 3: 62–67.

Böhne, G (2016): Ästhetischer Kapitalismus. Berlin: Suhrkamp.

Bruhn, M., Schnebelen, S. (2017): Brand Happiness: The Searching and Finding oft he »Holy Grail« of Marketing«. Die Unternehmung 4/71: 464–490.

Darwin, C. (1889): Decent of Man, and Selection in Relation to Sex. New York: Appleton and Company.

Deleuze, G., Guattari, F. (1999): A thousand plateaus: Capitalism and schizophrenia. London: Bloomsbury Publishing.

Dimofte, C. (2010): Implicit Measures of Consumer Cognition. Psychology & Marketing 10/27: 921–937.

Edvinssson, L., Brünig, G. (2000): Aktivposten Wissenskapital. Wiesbaden: Gabler.

Eisenhart, K., Sull, D. (2001): Strategy as Simple Rules. Harvard Business Review 1/79: 107–116.

Fournier, S. (1998): Consumers and Their Brands. Journal of Consumer Research 24: 343–373.

Franck, G. (2005): Mentaler Kapitalismus: Eine politische Ökonomie des Geistes. München und Wien: Hanser.

Freeman, E. (2010): Strategic Management. A Stakeholder Approach. Cambridge et al.: Cambridge University Press.

Friedman, M. (1975): There's No Such Thing as a Free Lunch. LaSalle: Open Court.

Goethe, J.W. (2009): Die Wahlverwandtschaften. Frankfurt: Insel Verlag.

Goffman, E. (1959). The Presentation of Self in Everyday Life. New York: Anchor Books.

Gould, S., Vrba, E (1982): Exaptation – a Missing Term in the Science of Form. Paleobiology 1/8: 4–15.

Heskett, J., Jones, T., Loveman, G., Sasser, E., Schlesinger, L. (2009): Putting the Service-Profit Chain to Work. Harvard Business Review 7: 118–129.

Holt, D., Cameron, D. (2010): Cultural Strategy. Oxford: Oxford University Press.

Kumar, V., Jones, E., Venkatesan, R., Leone, R. (2014): Is Market Orientation a Source of Sustainable Competitive Advantage or Simply the Cost of Competing? Journal of Marketing 1/75: 16–30.

Kumar, N., Scheer, L, Kotler, P. (2000): From Market Driven to Market Driving. European Management Journal, 2/18: 129–142.

Langer, E., Russell, T., Eisenkraft, N. (2009): Orchestral performance and the footprint of mindfulness. Psychology of Music 2/32: 125–136.

Lega, F., De Pietro, C. (2005): Converging patterns in hospital organization: beyond the professional bureaucracy. Health policy 74: 261–281.

Madhavaram, S., Hunt, S. (2008): The service-dominant logic and a hierarchy of operant resources: developing masterful operant resources and implications for marketing strategy. Journal of the Academy of Marketing Science 36: 67–82.

Marquard, O. (2007): Skepsis in der Moderne. Stuttgart: Reclam.

Meyer, A., Brudler, B., Blümelhuber, C. (2008): Everybody's Darling: The target Groups of a Brand. In: Schmitt, B., Rogers, D. (Hrsg.) (2008): Handbook on Brand and Experience Management. Cheltenham: Elgar. S. 99–109.

Mintzberg, H. (1992): Die Mintzberg-Struktur. Landsberg am Lech: Verlag Moderne Industrie.

Mintzberg, H. (2009): Tracking strategies: Toward a general theory of strategy formation. New York, NY: Oxford University Press.

Oliver, R. L. (1980). A Cognitive Model of the Antecedents and Consequences of Satisfaction Decisions. Journal of Marketing Research 4/17: 460–469.

Roberts, K.H. (1989): New challenges in organizational research: high reliability organizations. Organization & Environment 2/3: 111–125.

Rosen, S. (1981): The economics of superstars. The American Economic Review 71: 845–858.

Schmitt, B. (2011): Experiential Marketing. New York: The Free Press.

Shostack, G.L. (1984): Designing services that deliver. Harvard Business Review 1/62: 133–139.

Spinosa, C., Flores, F., Dreyfus, H. (1999): Disclosing New Worlds. Boston: MIT Press.
Scholz, C. (2014). Generation Z. Weinheim: Wiley.
Willcocks, S. (1998): The development of clinical management at an NHS Trust hospital. Journal of Management in Medicine 3/12: 168–177.
Zernisch, P. (2004): Eine Marke, was ist das nun eigentlich? Marketingjournal 2004: 30–33.

TV-Serien

Dr. House [House, M.D.]. Universal Television. 2004–2012. 177 Episoden.
Die Schwarzwaldklinik. ZDF. 1984–1988, 1991, 2005. 70 Episoden, 2 Filme.
Das Krankenhaus am Rande der Stadt [Nemocnice na kraji města]. ČST. 1978–1981, 2003. 33 Episoden.

2 Employer Branding als notwendige Maßnahme gegen den Fachkräftemangel

Henner Knabenreich

Es ist schon paradox: Wo man geht und steht, wird viel lamentiert über den Fachkräftemangel. Das Gejammere über unbesetzte Stellen ist groß und natürlich sind auch die Kliniken von diesem Phänomen betroffen.

Verschiedene Umfragen aus der sogenannten freien Wirtschaft lassen sich ohne Weiteres auch auf die Klinikwelt übertragen. Der Fachkräftemangel sei das größte Risiko für die Unternehmen, heißt es beispielsweise in einer Umfrage des DIHK (dpa-infocom GmbH 2017). Oder aber: Der Fachkräftemangel verursacht Unternehmen Umsatzeinbußen von 50 Milliarden Euro und sei damit existenzbedrohend (EY 2018). Der Krankenhaus Rating Report spricht sogar von einem Risiko für die Patientenversorgung (Laschet 2018). Über 60.000 Vollzeitkräfte werden allein im Ärztlichen- und im Pflegedienst zusätzlich benötigt – und das bei einem stetig sinkenden Erwerbspersonenpotenzial.

Während da also bei allen Betroffenen schon längst die Alarmglocken hätten schrillen sollen und man längst entsprechende Maßnahmen hätte einleiten müssen, stößt man im ganzen Land lieber ins gleiche Horn und jammert über den Fachkräftemangel und die Versäumnisse der Politik. Im ganzen Land? Nein, es gibt Ausnahmen: Unternehmen bzw. Kliniken, die erkannt haben, dass jammern nichts bringt und stattdessen lieber handeln. Einige Beispiele zeigt dieses Buch.

2.1 Fachkräftemangel ist hausgemacht

Es ist richtig, in der Politik läuft einiges schief. Starre Personalvorgaben und Bürokratiehürden sind ohne Frage ein Klotz am Bein. Dass viele Kliniken (am falschen Ende) kaputtgespart werden, liegt in vielen Fällen aber auch an den gegelten und seelenlosen Unternehmensberatern und -innen, die sich heuschreckengleich durch die Krankenhäuser fressen und ihnen auf dem Weg zu bestmöglichem Profit jegliches Leben nehmen. Oftmals spiegelt sich das Leitbild der Einrichtungen, die proklamierte Wertschätzung beispielsweise, im Umgang mit den Mitarbeitern (und Bewerbern) nicht wider.

Und dennoch, schuld sind nicht immer nur die anderen. Schuld, wenn wir denn von solcher sprechen wollen, sind die Betroffenen in vielen Fällen selbst.

Weil die Probleme, keine passenden Fachkräfte zu finden, hausgemacht sind. Weil zu wenig in die Ausbildung investiert wird. Weil man nichts dafür tut, um als Arbeitgeber wahrgenommen zu werden. Weil die Arbeitsbedingungen katastrophal sind. Oder weil die Mitarbeiter lediglich als Produktionsfaktor gesehen werden, nicht als Menschen. So glänzte beispielsweise ein Krankenhauskonzern in der Vergangenheit gleich mehrfach mit Negativschlagzeilen. Wurden vom Gründer zunächst Krankenschwestern als »kaffeesaufend« diffamiert (mk 2014, Grill 2014), kündigten aufgrund einer fragwürdigen Rationalisierungspolitik, der das Funktionieren ganzer Abteilungen zum Opfer fiel, scharenweise die Fachkräfte, die anderswo händeringend gesucht werden (was vom Wettbewerb wohlwollend aufgenommen wurde). Mit der Folge, dass dank funktionierender Mundpropaganda, Informationen in den Medien und Kommentaren in den Arbeitgeberbewertungsportalen dieser Republik die Bewerber ausblieben, Abteilungen geschlossen oder reduziert wurden (Fiedler 2016), die verbliebenen Mitarbeiter Mehrarbeit machen mussten, überfordert waren und sich über Undercover-Reporter freuen durften, die dann von den »katastrophalen Missständen in deutschen Krankenhäusern« (HORIZONT online 2018) schlagzeilenträchtig berichteten. Solch ein schlechtes Image spricht sich nicht nur schnell herum, sondern bleibt auch hartnäckig bestehen. Mit der Folge, dass eine Anwerbung von Fachkräften zusätzlich erschwert wird. Welche Konsequenzen solch ein Reputationsschaden für den gesamten Krankenhausbetrieb hat, will man offenbar nicht wahrhaben oder nimmt es in Kauf – Hauptsache, die Rendite stimmt. Dass diese natürlich nur stimmt, wenn die Patienten versorgt werden können, was wiederum nur mit ausreichend qualifizierten und loyalen Mitarbeitern funktioniert, sei nur der Vollständigkeit halber erwähnt. Leider ist eine solch kurzfristige Sichtweise gang und gäbe in unserem System.

Aber, was wohl Hauptursache für das ist, was gerne als »Fachkräftemangel« kolportiert wird, ist das Glänzen von Krankenhäusern und Kliniken durch Nichtstun. Aktives Werben um Bewerber fand bisher kaum statt. Die Einrichtungen, die über mangelnde Bewerbungen klagen, tun schlichtweg nichts. Offenbar ist man zu sehr ver- und aus der Vergangenheit irgendwie gewöhnt, dass Bewerbungen eintrudeln. Sicher, die sind in den letzten Jahren immer weniger geworden, wir verstehen das gar nicht, heißt es dann. Wir sind doch eine solche attraktive Einrichtung und unser Ruf geht weiter über die Grenzen der Stadt hinaus, denken immer noch viele Verantwortliche. Dabei verkennen sie offenbar den Ernst der Lage oder wollen einfach nicht wahrhaben, dass sich die Welt da draußen immer schneller weiterdreht.

Zwar nutzen sie wahrscheinlich selbst WhatsApp, um sich zum Tennis, Golf oder Bierchen zu verabreden, dass man den allgegenwärtigen Messenger-Dienst auch für die Bewerberkommunikation einsetzen könnte, z. B. um »live« aus dem OP zu berichten, scheint für viele aber undenkbar. Zwar nutzen sie wahrscheinlich Apps auf ihrem Smartphone, um Überweisungen zu tätigen, Essen zu bestellen, zu shoppen, sich zu daten oder aber, na klar, um bestimmte Dinge zu googeln. Aber auf die Idee, dass man natürlich auch Jobs googelt, kommt offenbar keiner der Verantwortlichen. Gut, möglicherweise das noch. Aber dass man natürlich alles dafür tun muss, um dort selbst mit seiner Einrichtung, mit seinen Stellenangeboten, gefunden zu werden, das wird schnell übersehen. Genauso wie übersehen wird, dass sich dieser »Mobile Approach« bei den Nutzern durchs ganze Leben zieht – viele Menschen heutzutage keinen PC geschweige denn Laptop besitzen und alles über ihr Smartphone regeln und daher auch einen Bewerbungsprozess, der übers Smartphone läuft, erwarten. diesen aber nicht finden, weil sich offenbar keiner der Beteiligten darüber Gedanken macht. Was sich wiederum negativ auf den ohnehin schon spärlichen Bewerbungseingang auswirkt. Einer Umfrage des Stellenportals meinestadt.de zufolge haben 47 % der Befragten einen Bewerbungsprozess abgebrochen, weil das Angebot mobil nicht nutzbar war (Personalwirtschaft 2017). Dumm gelaufen, wenn Ihr Angebot dazu gehört. Und diese Versäumnisse ziehen sich nicht nur durch die »mobile« Welt, sondern auch durch die »stationäre«. Umso wichtiger, sich damit auseinanderzusetzen und zu handeln.

Ich vergleiche die Bewerbersuche oder das Recruiting (neudeutsch für Personalbeschaffung) gerne mit der Partnersuche: Ich kann lange darauf warten, meinem Traumprinzen oder meiner Traumfrau zu begegnen, wenn ich mich nur in meinem stillen Kämmerlein aufhalte und keine(r) weiß, dass es mich gibt. Die Wahrscheinlichkeit, dass sie oder er an meine Tür klopft, ist gleich null. Während das wahrscheinlich jeder der Klinikverantwortlichen so bestätigen würde, handeln diese selber nicht anders. Sie warten darauf, dass der Kardiologie-Spezialist, die Anästhesie-Spezialistin, die Pflegefachkraft oder der Oberarzt an die Tür klopfen und um Einlass begehren. Und wundern sich darüber, dass genau das nicht geschieht. Glücklicherweise gibt es einen Schuldigen, den man benennen kann: den Fachkräftemangel. Man selbst steht natürlich mit blütenweißer Weste da und kann gar nichts für die Misere. Dabei ist es doch ganz logisch, dass, wenn ich denn von der Verehrerwelt (respektive Bewerberwelt) da draußen wahrgenommen werden möchte, ich etwas dafür tun muss. Ich muss aktiv werden. Der erste Schritt: Ich verlasse meine Wohnung. Plötzlich sehen die Menschen mich. Dass ich auf Partnersuche bin, sieht man mir nun nicht unbedingt an. Es sei denn, ich trage ein T-Shirt mit der Aufschrift »Traumfrau gesucht« oder »Biete Traummann«. Ich überlege mir also, wo könnte sich das Opfer meiner Begierde möglicherweise aufhalten und spreche es dann an. Ob es dann klappt, weiß man natürlich nicht. Die Chancen aber, den Partner fürs Leben (oder auch nur für eine Nacht) abzubekommen, steigen überproportional. Und sogar dann, wenn ich mich für den Weg entscheide, das Haus nicht zu verlassen, so gibt es diverse Partnerbörsen, bei denen ich mich anmelden kann. Aber auch da gilt, wenn ich ein verwaistes Profil habe, es keinerlei Infos darüber gibt, wer ich bin, welche Vorlieben ich habe, wie ich ticke und wie ich aussehe – die Chance unter solchen Umständen ein Match zu landen, ist auch hier recht gering. Also setze ich mich in Szene, beschreibe, was für ein sympathischer, humorvoller und liebenswerter Mensch ich bin, dass ich gerne in der Natur bin, gerne auf Berge steige und ans Meer fahre, leidenschaftlicher Jogger bin und gerne koche. Vielleicht verrate ich noch, dass ich (keine) Kinder möchte, dass ich (nicht) rauche und dass mein Lieblingsschauspieler George Clooney ist. Außerdem lade ich ein Profilbild und andere Bilder von mir hoch, die meine Persönlichkeit unterstreichen. Wenn man so will, setze ich mich hier also als Marke in Szene. Selbstverständlich bin ich ehrlich dabei. Denn jede Lüge wird mir irgendwann um die Ohren fliegen. Und es wird bestimmt die eine oder andere Frau geben, die sich davon angesprochen fühlt, die ähnlich denkt wie ich, Vorlieben teilt oder mich einfach nur unwiderstehlich sexy findet.

Und genau, wie man sich in einer solchen Partnersuche bemühen und in Szene setzen muss, dabei aber ehrlich bleibt, quasi seine eigene »Marke« prägt, so muss das ein Arbeitgeber auch. Ohne, dass er über sich spricht, ohne, dass er für potenzielle Kandidaten, die zuvor nie von ihm gehört haben, auffindbar ist, ohne, dass er aktiv auf Menschen, auf Bewerber zugeht, wird er in einem Arbeitsmarkt, der sich längst zum Bewerbermarkt gedreht hat, keinen Erfolg haben. Er wird nicht wahrgenommen werden.

Wahrgenommen werden ist das eine, sich richtig präsentieren das andere. Leider haben viele Krankenhäuser die oben genannten Mechanismen nicht verstanden. Analog zum Werben um einen Partner, muss ein Arbeitgeber um seine (zukünftigen) Mitarbeiter werben. Das funktioniert aber nicht mit austauschbaren Inhalten auf Karriere-Webseiten und in Stellenanzeigen, sondern nur mit einem glaubwürdigen, einzigartigen Auftritt. Sie müssen sich quasi selbst eine »Brand«, eine Marke zulegen und an Ihrem Arbeitgeberauftritt feilen. Dabei geht es eben nicht nur um bunte Bildchen, die eine heile (Wunsch)Welt zeigen, sondern darum, sich so darzustellen, wie man wirklich ist. Mit allen seinen Ecken und Kanten. Ungeschminkt. Glaubwürdig. Und dabei auf die Bedürfnisse der Bewerber und Mitarbeiter einzahlend. Man nennt das dann neudeutsch Employer Branding. Letztendlich bedeutet das nichts anderes, als ein guter Arbeitgeber zu sein und darüber zu sprechen.

2.2 Man kann nicht nicht Employer Branding betreiben

Allerdings: Genau wie Sie »nicht nicht kommunizieren können«, können Sie in Anlehnung an Paul Watzlawick nicht nicht Employer Branding betreiben. Also selbst, wenn Sie kein Employer Branding »betreiben« und keine Arbeitgebermarke »kreiert« haben oder kreieren lassen – ob Sie es wollen, oder nicht – Sie tun es doch! Jeder Arbeitgeber wird irgendwie wahrgenommen – von seinen Mitarbeitern, logisch, aber auch an jedem Kontaktpunkt von potenziellen Bewerbern. Und jeder trägt damit zu einer wie auch immer gearteten Markenbildung bei. Ob gut, oder schlecht, sei einmal dahingestellt. Denn was sagt der Psychotherapeut und Kommunikationswissenschaftler Watzlawick in einer seiner fünf Grundregeln zur menschlichen Kommunikation? »*Man kann nicht nicht kommunizieren, denn jede Kommunikation (nicht nur mit Worten) ist Verhalten und genauso wie man sich nicht nicht verhalten kann, kann man nicht nicht kommunizieren.*« (Watzlawick OJ) Diese Aussage können Sie 1 : 1 auf die Bewerberkommunikation bzw. Nicht-Kommunikation übertragen. Denn egal, ob Sie nun aktiv um Bewerber werben oder nicht – Sie betreiben damit Employer Branding.

All das, was Sie als Arbeitgeber an jedem x-beliebigen Kontaktpunkt gegenüber Bewerbern von sich geben (oder eben auch nicht) zahlt, ob gewollt oder nicht, zu 100 % auf Ihre Arbeitgebermarke ein. Schließlich beschreibt Employer Branding alle Maßnahmen, die ein Unternehmen ergreifen kann, um sich gegenüber potenziellen Bewerbern (und seinen Mitarbeitern gegenüber) als attraktiver Arbeitgeber darzustellen.

Nehmen wir uns Watzlawicks These nun wieder an, bedeutet das bezogen aufs Arbeitgebermarketing, dass jegliche Maßnahmen, die *nicht* ergriffen werden, auch Employer Branding sind. Nur eben kein so gutes.

Insofern sollten Sie sich also bemühen, möglichst offen und ehrlich mit Bewerbern zu kommunizieren. Also nicht, dass es nicht offen und ehrlich wäre, nicht zu kommunizieren. Das wäre genauso authentisch, als wenn Sie dem Bewerber den roten Teppich ausrollen und ihm bildlich gesprochen die Füße küssen, um ihm damit die (in den meisten Fällen zumindest) notwendige Wertschätzung entgegen zu bringen. Viele Krankenhäuser sind auf der Suche nach Bewerbern. Wäre es unter eben diesen Umständen nicht gut, alles dafür zu tun, um diese immer rarer werdenden Talente zu umgarnen? Und den Bewerber nicht als lästigen Bittsteller zu sehen? Eben. Wenn dann aber Kliniken also gar nichts tun, um auf sich als Arbeitgeber aufmerksam zu machen (und stattdessen lieber den sogenannten Fachkräftemangel für die nicht vorhandenen Recruitingaktivitäten als Schuldigen ins Feld führen), kommunizieren sie trotzdem etwas. Nämlich schlicht und einfach, dass gar kein Interesse an den Bewerbern besteht.

Egal, welche Kommunikationsmaßnahme Sie ergreifen, es lässt sich an jeglicher Form eines Arbeitgeberauftritts (Website, Stellenanzeige, Social Media etc. pp.) wunderbar ablesen, welchen Stellenwert Mitarbeiter und Bewerber einnehmen und welche Wertschätzung man ihnen entgegenbringt – oder aber welchen Stellenwert die Bewerberansprache respektive das Employer Branding im Unternehmen einnimmt.

Ich weiß, ich weiß, oft sind Ihnen die Hände gebunden. Sie können gar nichts für diese Misere. Weil sich die Geschäftsführung nicht mal ansatzweise der Wichtigkeit von »Employer Branding« bewusst ist. Mitarbeiterzufriedenheit? Die sollen zufrieden sein, dass sie einen Job haben und ihre Miete zahlen können. Personalmarketing? Das ist doch Stellen schalten, wenn es erforderlich ist – am besten da, wo es möglichst wenig kostet. Strategie? Brauchen wir nicht. HR? Das sind doch die, die sich um Lohnabrechnung und Zeugnisse kümmern und dann und wann eine Anzeige in der lokalen Presse schalten. Oder je nachdem, wenn es mal eine richtig wichtige Stelle ist, vielleicht auch in der FAZ.

Tatsächlich lässt sich anhand der verschiedenen Personalkommunikationsmaßnahmen wunderbar ablesen, welche Rolle die Mitarbeiter oder aber das Personalmarketing selbst in einer Einrichtung spielen. Wenn also beispielsweise eine Stellenanzeige lieblos gestaltet wurde (was eher die Regel, als die Ausnahme ist), Mitarbeiter als Ressourcen degradiert werden oder der Karriere-Button gut versteckt ist, wenn ein Social Media-Account total vernachlässigt wird, wenn es keine Antwort auf eine Bewerbung gibt oder eine Absage nach einem Zweitgespräch nur per E-Mail erfolgt, so lassen sich durchaus Rückschlüsse auf die

Wertschätzung bzw. den Stellenwert der genannten Zielgruppen – und damit aufs Employer Branding – ziehen.

Selbst wenn Unsummen in eine Employer-Branding-Kampagne investiert werden – wenn der Rest nicht stimmt, waren alle Bemühungen für die Katz. Wobei das Kreieren einer Arbeitgebermarke ohnehin nach hinten losgeht, da das kein nachhaltiger Ansatz ist und ein Claim oder eine Kreativkampagne noch lange keine Arbeitgeberpositionierung und schon gar nicht Employer Branding ausmachen. Auch wenn die Repräsentanten eines Arbeitgebers auf einer Jobmesse lieber das Gespräch mit den Kollegen suchen oder sich Smartphone oder Latte Macchiato (oder beidem), als sich einem Standbesucher aka potenziellem Bewerber zu widmen, heißt das so viel wie: Lass mich in Ruhe, du störst. Auch hier ist es unmöglich nicht nicht zu kommunizieren. Und nicht nicht auf die Arbeitgebermarke einzuzahlen. Und so wendet sich dann die Anästhesie-Fachkraft und die Pflegefachkraft von morgen dem nächsten Stand zu. Dessen Standpersonal sich hoffentlich besser bewusst ist, weswegen man sich da eigentlich die Beine in den Bauch steht.

Oder nehmen wir die Karriere-Website: Immer noch werden hier die meisten Potenziale verschenkt. Und das beginnt schon bei der Auffindbarkeit der Seite selbst. Ein Menüpunkt in der Hauptnavigation? Sind Punkte wie Presse oder Kontakt nicht um vieles wichtiger? Diesen Eindruck hat man zumindest auf vielen Seiten. Immer noch wird verkannt, dass jeder Besucher einer Website – wirklich jeder! – ein potenzieller Bewerber oder zumindest Multiplikator ist. Viele Menschen sind in ihrem Job unzufrieden. Wenn ich also einen Impuls setze und auf mich als Arbeitgeber aufmerksam mache, so kann das bei eigentlich wegen ganz anderen Informationsbedürfnissen zufällig vorbei surfenden Websitebesuchern durchaus dazu führen, sich mit dem Karriere-Angebot auseinanderzusetzen.

Oft liest man als potenzieller Kandidat da solche Aussagen wie »Bei uns steht der Mitarbeiter im Mittelpunkt« oder »Die Mitarbeiter sind unser höchstes Gut«. Googeln Sie mal exakt diese Phrasen. Sie werden überrascht sein, wie viele Suchergebnisse Ihnen angezeigt werden. Und dann schauen Sie mal, wie viele dieser vermeintlich so wichtigen Mitarbeiter Sie auf den Karriereseiten finden. Oft keinen einzigen. Vielmehr sehen Sie dort die Gesichter, die Sie möglicherweise vorher auf anderen Seiten gesehen haben, weil man sich offensichtlich aus der gleichen Bilddatenbank bedient hat. Oder irgendwelche Models, die extra für dieses Fotoshooting angeheuert wurden. Abgesehen davon, dass das Ganze streng genommen den Strafbestand der irreführenden Werbung erfüllt (schließlich werben Sie mit falschen Tatsachen), ist ein solcher Arbeitgeber-Auftritt eins unter Garantie nicht: Glaubwürdig. Sollten bei Ihnen also die Mitarbeiter wirklich im Mittelpunkt stehen und ihr höchstes Gut sein, so zeigen Sie dies auch. Lassen Sie sie zu Wort (und Bild) kommen und erzählen Sie anhand praktischer Beispiele, wofür Sie als Arbeitgeber stehen. Zeigen Sie, wer Sie wirklich sind und kommunizieren Sie auf Augenhöhe mit den Bewerbern.

Während man dann und wann tatsächlich Mittel für die Außendarstellung als Arbeitgeber freigibt, werden bei der Budgetierung meistens zwei ganz wesentliche Punkte vergessen: der Bewerbungsprozess und das Bewerbermanagementsystem.

Auch mit einem nutzerunfreundlichen Bewerbermanagement-System oder lang-wierigen Recruiting-Prozessen kommunizieren Sie etwas. Nämlich, dass Sie kein Interesse am Bewerber haben. Der Bewerber dann übrigens auch nicht an Ihnen. Und falls er sich dann doch noch bei Ihnen bewirbt, wird er spätestens mit ei-nem Eingangsbescheid vertrieben, der in etwa den Charme eines Schreibens vom Finanzamt hat. Vorausgesetzt, er bekommt überhaupt eine Rückmeldung. Denn auch das ist alles andere als selbstverständlich. Leider.

In all den genannten Fällen kommunizieren Sie also (bzw. »betreiben« Em-ployer Branding), ob Sie das nun wahrhaben wollen oder nicht. Der Grund: sie-he oben. Bedenken Sie also, dass jeder Kontakt zu Ihrem Bewerber, jede Form der Kommunikation, auch auf Ihr Employer Branding bzw. Ihre Arbeitgeber-marke einzahlt. Und ich glaube wir sind uns einig, dass dieser Eindruck positiv sein und der Bewerber immer im Mittelpunkt der Bemühungen stehen sollte.

2.3 Candidate Centricity – Der Bewerber im Mittelpunkt

Denn gerade vor dem Hintergrund des gern kolportierten Fachkräftemangels gilt es umso mehr, den Kandidaten zu hegen und zu pflegen und ihm mit Wert-schätzung und auf Augenhöhe zu begegnen. Oder, um mal wieder ein Buzzword einzuführen: einen »Candidate Centricity«-Ansatz zu etablieren und zu leben.

Während es schon seit Jahren heißt »der Kunde ist König«, wird der Bewerber in vielen Einrichtungen und Unternehmen lediglich als lästiger Bittsteller emp-funden. Klar, so ein Bewerber nimmt ganz schön viele Ressourcen in Anspruch. Offenbar haben viele immer noch nicht verstanden, dass es gilt, diese vermeintli-chen Bittsteller als das zu verstehen und zu behandeln, wie es gerne proklamiert wird. Nämlich als »wichtigstes Gut der Unternehmen«. Und als Kunden. Statt-dessen werden die, die es dann tatsächlich irgendwie zum Bewerbungsformular geschafft haben, vor den Kopf gestoßen und mit umständlichen Bewerbungspro-zessen auf eine harte Geduldsprobe gestellt. Dass in solchen Fällen dennoch eine Bewerbung eintrudelt, ist relativ unwahrscheinlich. Gemäß einer Untersuchung brechen nämlich 70 % der Bewerber spätestens an dieser Stelle ihre Bewerbung ab (Klingenberg 2018). 70 %! Und wenn es nur 5 % wären: Möglicherweise sind es genau diese 5 %, die Sie schon die ganze Zeit gesucht haben. Können Sie sich das wirklich erlauben?

Und obwohl wir mittlerweile nicht nur im Gesundheitswesen einen Bewer-bermarkt haben und es unglaubliche Parallelen zwischen Produkt- und Personal-marketing gibt, ist der kundenzentrierte Ansatz im Personalmarketing bzw. Rec-ruiting noch lange nicht angekommen. Denn dieses »Candidate first« (abgeleitet von Amazon-Chef Jeff Bezos' Customer first-Philosophie (Zameena 2018), dieses »die Anforderungen der Bewerber verstehen« ist es, was die Candidate Centricity ausmacht: Die Schaffung eines positiven Bewerbererlebnisses vom ersten Kontakt bis hin zum Onboarding. Letztendlich ist dieser bewerberzentrierte Ansatz der Erfolgsfaktor der Kliniken, die sich vom Wettbewerb unterscheiden, der nicht so agiert.

Überträgt man den Ansatz der Customer Centricity auf die Bewerberansprache, so könnte man Candidate Centricity wie folgt beschreiben, nämlich als durchgängige und integrative Unternehmensstrategie, die auf den Bewerber und seine individuellen Bedürfnisse ausgerichtet ist.

Unternehmensstrategie heißt, dass die ganze Einrichtung – und nicht nur die Unternehmenskommunikation und die Personalabteilung – involviert ist, das Ganze quasi vom Pförtner bis hin zur Geschäftsführung verinnerlicht sein muss und dieser Ansatz langfristig und nachhaltig gelebt wird – und nicht nur, wenn gerade Not am Mann ist.

Davon sind wir in der Realität allerdings noch meilenweit entfernt. So wird zwar auf der einen Seite behauptet, der Mitarbeiter stünde im Mittelpunkt (was ja auch den potenziellen, also den Bewerber, mit einbezieht), auf der anderen Seite das Unternehmen mit Lügen straft.

Ein paar Beispiele zeigen sehr deutlich, dass wir Lichtjahre von einer »Candidate Centricity« entfernt sind. So steht der Kandidat wohl wenig im Mittelpunkt, wenn

1. die Karriere-Website nicht von jedem Punkt der Klinikseite mit einem Klick erreichbar ist,
2. Websites und insbesondere die Seiten mit den Stellenangeboten nicht untereinander verlinkt sind, sodass man sie mit einem Klick aufrufen kann – egal, von welcher Seite man kommt, bzw. auf welcher Seite man (von Google aus) landet,
3. es einen (oder mehr) Klick(s) benötigt, um die Stellenangebote aufzurufen,
4. eine ellenlange Liste von Jobs angezeigt wird – ohne jegliche Filtermöglichkeit, ohne Freitextsuche,
5. die Stellenanzeige nicht auf die Bedürfnisse der Zielgruppe zugeschnitten ist,
6. die Stellenanzeige formuliert ist, wie eine Ausschreibung – und nicht wie eine Einladung zur Bewerbung (denn nicht mehr und nicht weniger ist eine Stellenanzeige),
7. die Aufgaben mehr als die Hälfte der gesamten Stellenanzeige einnehmen,
8. die Anforderungen mehr als die Hälfte der gesamten Stellenanzeige einnehmen,
9. die Mitarbeitervorteile entweder a) überhaupt nicht oder b) nur rudimentär benannt werden,
10. keine Aufforderung zur Bewerbung erfolgt,
11. kein Ansprechpartner bei Rückfragen zur Stelle oder zum Zusenden der Bewerbung genannt wird,
12. die Bewerbung ausschließlich per a) Post oder b) per seitenlangem Online-Formular möglich ist,
13. die Bewerbung nur mit einer vorherigen Anmeldung bzw. Registrierung möglich ist,

14. sich das Bewerbungsformular über mehrere Seiten erstreckt,
15. die Online-Bewerbung nicht mobil optimiert ist,
16. das Bewerbungsformular in einer separaten Seite öffnet,
17. man die Bezeichnung der Stelle, auf die man sich bewirbt, noch mal separat eingeben muss, obwohl man sich ja auf eben diese Stelle bewirbt,
18. man seinen Lebenslauf noch mal eingeben muss, obwohl man selbigen gerade als PDF hochgeladen hat (selbiges gilt fürs Anschreiben),
19. keine Rückmeldung auf die Bewerbung erfolgt,
20. eine Rückmeldung erst nach Wochen erfolgt,
21. die Rückmeldung keine persönliche Anrede enthält,
22. die Rückmeldung den Charme eines Schreibens vom Finanzamt hat,
23. die Rückmeldung keinen Ansprechpartner enthält,
24. die Rückmeldung nicht darüber informiert, wie es im Bewerbungsprozess weitergeht,
25. die Abstimmung zwischen Recruiting und Fachbereich so viel Zeit in Anspruch nimmt, dass der Kandidat wieder abspringt (und bei einem anderen Krankenhaus einsteigt, welches einen kandidatenzentrierte(re)n Ansatz als Strategie verankert hat),
26. der Ansatz der Candidate Centricity vielleicht von der Personalabteilung gelebt, aber von Fachabteilung, Marketing, Geschäftsführung, Pförtner oder wem in der Klinik Unternehmen auch sonst, nicht verstanden wird bzw. nicht in der Unternehmensstrategie verankert ist,
27. die Beteiligten im Vorstellungsgespräch nicht vorbereitet sind,
28. zwar ein großes Budget in die Erstellung einer »Employer Brand« fließt, aber kein Budget mehr für die Optimierung der Recruitingprozesse da ist,
29. Vakanzzeiten mehrere Wochen oder sogar Monate dauern.

Die Liste ließe sich beliebig fortsetzen, aber es sollte klar werden, worauf ich hinaus will.

Eine gute, positiv wahrgenommene Candidate Experience vermittelt echte Wertschätzung des Kandidaten und stellt diesen in den Mittelpunkt der Bewerberansprache. Ohne gute Candidate Experience keine Candidate Centricity – bzw. umgekehrt, so einfach ließe es sich auf den Punkt bringen.

Und eben genau diese Erfahrungen im gesamten Bewerbungsprozess, von der Wiege (also dem Erstkontakt) bis zur Bahre (also dem Austritt), die sind es, die mitunter dafür sorgen, dass Einrichtungen massive Verluste davontragen, die weit über »nur« den Verlust eines oder mehrerer Kandidaten hinausgehen, sondern Unternehmen Millionen kosten (aber in logischer Konsequenz auch belegte Betten und zufriedene Patienten und Mitarbeiter bringen) können.

Grundsätzlich aber ist jedes Unternehmen mal mehr, mal weniger, davon betroffen. Schließlich ist ja jeder Bewerber auch ein potenzieller Kunde bzw. Patient oder Angehöriger eines Patienten – und umgekehrt. So wirklich ernsthaft hat sich scheinbar noch kein Unternehmen, geschweige denn eine Klinik, die Mühe gemacht, die Bedeutung dieser Zusammenhänge einmal auszurechnen. Bei Virgin Media, einem Kabelnetzanbieter aus Großbritannien, hat man genau das getan (Steiner 2017). Anlass war die Einschätzung einer Bewerberin zum

Bewerbungsprozess. Das Urteil war verheerend. Wie interne Untersuchungen ergaben, waren 18 % der abgesagten Bewerber nämlich nicht nur Kunden des Unternehmens, ein gewisser Prozentsatz hatte auch angekündigt, seinen Vertrag aufgrund der während des Bewerbungsprozess gesammelten schlechten Erfahrungen zu kündigen. Wenn nun jedes Jahr 123.000 Kandidaten abgelehnt würden und 6 % davon ihr monatliches Virgin Media-Abo kündigten, wären das 7.500 Kündigungen. Multipliziert mit der Abo-Gebühr von ca. 60 Euro wiederum wären das in zwölf Monaten 5,4 Millionen Euro, die das Unternehmen durch eine negative Candidate Experience verlieren würde. Zahlen, die Ihnen schlaflose Nächte bereiten sollten. Wie bei Virgin auch. Dort aber wachte man auf, führte ein Qualitätsmanagement fürs Recruiting ein, verankerte den Candidate Centricity-Ansatz im Unternehmen und stockte Recruiting-Budget und -Team auf. Spätestens bei solchen Zahlen also sollten Sie alles stehen und liegen lassen (dieses Buch natürlich zu Ende lesen und weitere Inspirationen sammeln) und handeln. Möglicherweise braucht es aber noch einen weiteren Denkanstoß.

Rechnen Sie doch einmal aus, was es Ihrer Klinik bringt, wenn Sie Ihre Kandidaten als guter Arbeitgeber begeistern. Wenn Sie mit einer positiven Candidate Experience punkten, bedeutet das im Umkehrschluss nämlich auch mehr wirtschaftlichen Erfolg fürs Krankenhaus.

Die Abhängigkeit zwischen Kunde und Bewerber bzw. der Arbeitgebermarke und dem Kaufverhalten wurde jüngst in einer Studie bestätigt (Territory Embrace 2018). 60 % der Befragten würden demnach die Produkte eines Unternehmens boykottieren, wenn es einen schlechten Ruf als Arbeitgeber hat. Auf der anderen Seite würden 67 % der Befragten die Produkte eines Unternehmens häufiger kaufen, wenn das Unternehmen eine gute Reputation als Arbeitgebermarke hat. Und welche Auswirkungen es auf Ihren Krankenhausbetrieb hat, wenn Sie als Arbeitgeber negative Schlagzeilen machen, zeigt sehr schön das eingangs erwähnte Beispiel.

Es sollte also alles dafür getan werden, um Kandidaten ein positives Bewerbungserlebnis zu ermöglichen. Bewerber ernst nehmen und Wertschätzung vermitteln – vom ersten bis letzten Kontaktpunkt auf der Bewerberreise. Ist das so schwer? Stattdessen jammert man über den Fachkräftemangel und schimpft (in einigen Punkten zurecht) auf die Politik.

In der Folge sollte klar sein: Steht der Kandidat nicht im Mittelpunkt der Unternehmen, steht das Unternehmen auch nicht im Mittelpunkt des Bewerbers. Oder anders gesagt: Unternehmen, die Bewerber nicht in den Mittelpunkt ihrer Recruiting-Bemühungen stellen, werden das Nachsehen haben. Wenn Ihre Mitarbeiter also bei Ihnen im Mittelpunkt stehen, so handeln Sie entsprechend und beziehen Sie auch Ihre Bewerber ein. Zeigen Sie, dass der Bewerber bei Ihnen wirklich im Mittelpunkt steht. Durch einen einfachen, nutzerorientierten, auf die Bedürfnisse der Zielgruppe einzahlenden, zeitgemäßen Bewerbungsprozess. An jedem »Touchpoint«. Das bedingt dann zwangsläufig, dass der Ansatz der Candidate Centricity in der gesamten Organisation verankert und gelebt wird. Sonst machen Ihnen der Pförtner, die Assistentin am Telefon, die Kollegen aus dem Fachbereich, der Oberarzt oder andere Schnittstellen Ihre ganzen Bemühungen um eine »Attraktiver-Arbeitgeber-Marke« zunichte.

2.4   Es gibt kein »Weiter so!« in der Bewerberansprache

Es ist schon verrückt irgendwie. Trotz der geschilderten Punkte und obwohl sich die Welt da draußen in jeglicher Hinsicht radikal ändert, hat das bis dato offenbar kaum Auswirkungen auf das Agieren in den meisten Krankenhäusern respektive Personalabteilungen der Republik. Wie sonst ließe sich erklären, dass man mit den gleichen Mitteln (oder weniger) versucht, die Personalbeschaffung in einem enger werdenden Markt sicherzustellen? Wenn man es denn überhaupt versucht, denn noch immer herrscht in vielen Fällen die Devise des »Post and Pray« vor. Also das Schalten von Stellenanzeigen und dem anschließenden Warten und Beten, dass sich schon irgendwer bewerben wird. Und geschaltet wird dann in der Regel auf den Portalen oder in den Medien, die man eben so kennt oder aber die nichts bis wenig kosten. Dass sich da dann kaum (passende) Bewerber anziehen lassen, sollte eigentlich klar sein. Das sagt einem schon der gesunde Menschenverstand. Dies würde allerdings bedingen, dass man ihn einschaltet. Wobei die Anzahl der aktiv Suchenden ohnehin den kleinsten Teil potenzieller Mitarbeiter ausmacht.

Eins ist klar: Auf Deutschlands Kliniken und Krankenhäuser kommen harte Zeiten zu. Oder sagen wir: noch härtere Zeiten. Denn wer ernsthaft glaubt, der Arbeitsmarkt würde sich schon wieder entspannen und bald stünden die Bewerber wie in den guten alten Zeiten Schlange, der irrt. Gleiches gilt für die, die glauben, dass die Digitalisierung vorbei geht, wenn man nur lange und fest genug den Kopf in den Sand steckt.

Leider ist dem nicht so: Das Erwerbspersonenpotenzial wird in den nächsten Jahren weiter sinken. Dem gegenüber steht eine stetig zunehmende Nachfrage an Fachkräften. Schließlich werden wir alle älter und der Nachwuchs bleibt aus. In der Folge werden die Vakanzzeiten weiter steigen. Bis eine Stelle wiederbesetzt wird, vergehen heute mitunter schon bis zu sechs Monaten. Sechs Monate! Was es bedeutet und was es kostet, wenn diese Stellen unbesetzt bleiben – darüber machen sich die wenigsten Gedanken. Mitarbeiter müssen Mehrarbeit leisten, die Qualität der Leistungen sinkt, Mitarbeiter und Patienten leiden, Mitarbeiter werden krank, die Arbeit dieser Mitarbeiter wird auf die Schultern der noch verbliebenen Mitarbeiter verteilt, die noch mehr leisten müssen – ein Teufelskreis, der nur so lange funktioniert, bis das System zusammenbricht und Abteilungen geschlossen oder Bettenplätze gestrichen werden. Patienten können nicht mehr versorgt werden, der wirtschaftliche Erfolg der Klinik stellt sich nicht mehr ein.

Dass die Kosten für dieses Nichtbesetzen von Stellen deutlich über dem liegen, was es kosten würde, diese Stellen zu besetzen und natürlich weit über dem, was es kosten würde, entsprechende (Employer Branding)-Maßnahmen anzustoßen, um die Stelle deutlich schneller zu besetzen, scheint sich keiner bewusst zu sein. Allzu kurzsichtig ist der Blick auf den kurzsichtigen Erfolg. Nachhaltiges Handeln? Fehlanzeige.

Und so staune ich immer wieder nicht schlecht, wenn ich höre, dass man ja nur ein begrenztes Budget habe und schon gar keins für wie auch immer geartete Maßnahmen, nennen wir sie Employer Branding, um sich als attraktiver Arbeitgeber bei einer potenziellen, selbstverständlich zuvor definierten, Zielgruppe zu präsentieren. Obwohl sich die Welt da draußen täglich radikal verändert, verändert sich nichts oder zu wenig in den Kliniken oder auch an der Haltung der für Personalbeschaffung Verantwortlichen. So dürfte eigentlich klar sein, dass eine steigende Nachfrage in Verbindung mit sinkendem Angebot einen steigenden Preis bedeutet. Das gilt nicht nur Fachkräfte, die sich in vielen Fällen ihres Marktwertes bewusst(er) werden und als Ärzte oder Pflegefachkräfte lieber ins Ausland gehen, weil man ihnen dort nicht nur mit mehr Wertschätzung entgegentritt, sondern die Arbeit auch fairer vergütet (paradox, dass man dann hier wiederum billige(re) Arbeitskräfte aus dem Ausland holt, die dieses Defizit wieder ausgleichen sollen), das gilt z. B. auch für Jobbörsen.

Seit Etablierung der Stellenportale in Deutschland kennen die Preise mit wenigen Ausnahmen eigentlich nur eine Richtung: nach oben. Von der demografischen Entwicklung und einem krankenden, auf Nachsorge statt auf Prävention fußenden, Gesundheitssystem getrieben, gehen auch die Bedarfe der Kliniken steil nach oben. Was hingegen weniger wird, sind die Bewerber, die wirklich aktiv auf der Suche nach einem Job sind. Die machen, betrachten wir den gesamten Arbeitsmarkt, mal gerade knapp 20 % aus. Der Großteil der guten Fachkräfte steht nämlich in Lohn und Brot.

Was sich nicht verändert – maximal weniger, denn mehr wird – ist das Budget, sind die Ressourcen fürs Recruiting respektive Employer Branding. Ich frage Sie, wie soll das funktionieren? Wie soll es gelingen, in einem Arbeitsmarkt, der sich stetig weiterentwickelt, der geprägt ist von Digitalisierung, neuen Arbeitsformen, einer selbstbewussteren Generation an Bewerbern, denen die klassische Karriere schon lange nicht mehr so wichtig ist, wie ein selbstbestimmtes Leben und Zeit fürs Privatleben, in dem Bewerbungsprozesse vorwiegend so gestaltet sind, dass sie eher zum Davonlaufen, als von Wertschätzung und einer positiven Candidate Experience gekennzeichnet sind, wenn Recruiting und Personalmarketing nur nebenher, anstatt strategisch betrieben wird – wie soll es da gelingen, die passenden Bewerber für Krankenhäuser in verträglicher Zeit zu gewinnen? Wie? Klare Antwort: Gar nicht.

Ein Weiter so in der Ansprache von Fachkräften kann nicht funktionieren. Es gelingt nicht, mit den gleichen Mitteln und Ressourcen wie bisher, heute in einem fast leeren Bewerbermarkt zu fischen. Krankenhäuser müssen sich als Arbeitgeber strategisch positionieren, müssen langfristig denken, müssen neue Wege in der Bewerberansprache gehen – oder eingefahrene verlassen. Vorausgesetzt, die Klinik möchte am Markt bestehen.

Krankenhäuser müssen als Arbeitgeber(marke) Kante bekennen, müssen sich mit sich immer schneller wandelnden Märkten, mit wachsenden Bewerberansprüchen, mit neuen Technologien und mit dem Potenzial, welches in den Einrichtungen selbst schlummert – Stichwort Retention und Talent Management – auseinandersetzen. Es ist ein dringender Sinneswandel erforderlich, weg vom Sachbearbeiter, hin zum aktiven Gestalter. Weg von der Denke des ständig nur

Beschaffens, hin zur Denke des Haltens. Denn die wahren Potenziale schlummern nicht nur in der Einrichtung selbst, sie müssen vor allem gehalten werden, bevor auch sie auf einen attraktiveren Arbeitgeber aufmerksam werden, der ihnen mit Respekt und Wertschätzung und auf Augenhöhe begegnet.

Wer diesen Wandel als Chance ergreift und vorausschauend handelt, wer begreift, dass Stillstand und ein »Weiter so!« zum sicheren Aus der Klinik führen, der hat im Wettbewerb um die raren Talente die Nase vorn. Alle anderen werden ins Hintertreffen geraten.

Dass das nicht geschehen muss, zeigen die zahlreichen Beiträge in diesem Buch

Literatur

dpa-infocom GmbH (2017): DIHK sieht Fachkräftemangel als größte Herausforderung. (https://www.welt.de/newsticker/dpa_nt/infoline_nt/wirtschaft_nt/article171957685/DIHK-sieht-Fachkraeftemangel-als-groesste-Herausforderung.html, Zugriff am 05.06.2019).

EY (2018): Fachkräftemangel bremst Mittelständler aus: Umsatzeinbußen von mehr als 50 Milliarden Euro. (https://www.ey.com/de/de/newsroom/news-releases/ey-20180225-fachkraeftemangel-bremst-mittelstaendler-aus-umsatzeinbussen-von-mehr-als-50-milliarden-euro, Zugriff am 05.06.2019).

Fiedler, U (2016): HSK strukturieren um, http://www.fr.de/rhein-main/alle-gemeinden/wiesbaden/wiesbaden-hsk-strukturieren-um-a-362081, Zugriff am 27.11.2018).

Grill, M. (2014): Die klinik-Controller. Der Spiegel 9. (https://www.spiegel.de/spiegel/print/d-125203187.html, Zugriff am 25.06.2019).

HORIZONT online (2018) Gericht gibt RTL im Streit mit Helios-Kliniken Recht. (https://www.horizont.net/medien/nachrichten/streit-um-undercover-recherche-gericht-gibt-rtl-im-streit-mit-helios-kliniken-recht-171368, Zugriff am 05.06.2019).

Klingenberg, M. (2018): Lange Bewerbungsformulare bedeuten weniger Bewerber, https://wollmilchsau.de/hr-analytics/hohe-absprungquote-durch-lange-bewerbungsformulare-teil-2-recruitment-analytics/, Zugriff am 27.11.2018).

Laschet, H. (2018): Fachkräftemangel wird zum Risiko für die Versorgung, https://www.aerztezeitung.de/kongresse/kongresse2018/berlin2018-hsk/article/965334/pflege-fachkraeftemangel-risiko-versorgung.html, Zugriff am 26.11.2018).

mk (2014): »Krankenschwester saufen nur Kaffee« (https://www.kma-online.de/aktuelles/panorama/detail/krankenschwestern-saufen-nur-kaffee-a-28031, Zugriff am 05.06.2019).

Personalwirtschaft (2017): Unternehmen verprellen Kandidaten durch fehlende mobile Angebote. (https://www.personalwirtschaft.de/recruiting/mobile-recruiting/artikel/unternehmen-verprellen-kandidaten-durch-fehlende-mobile-angebote.html, Zugriff am 05.06.2019).

Steiner, K. (2017): Bad Candidate Experience Cost Virgin Media $5M Annually – Here is How They Turned That Around (https://business.linkedin.com/talent-solutions/blog/candidate-experience/2017/bad-candidate-experience-cost-virgin-media-5m-annually-and-how-they-turned-that-around, Zugriff am 27.11.2018).

Territory Embrace (2018): Schlechtes Image als Arbeitgeber? 60 Prozent der Deutschen strafen mit Kaufboykott ab. (https://www.territory.de/schlechtes-image-als-arbeitgeber-60-prozent-der-deutschen-strafen-mit-kaufboykott-ab/, Zugriff am 05.06.2019).

Watzlawick, P. (OJ): Die Axiome von Paul Watzlawick. (https://www.paulwatzlawick.de/axiome.html, Zugriff am 05.06.2019).

Zameena, M. (2018): Amazon's Jeff Bezos: This simple framework can help you answer the most difficult questions you face, https://www.cnbctv18.com/entrepreneurship/amazons-jeff-bezos-this-simple-framework-can-help-you-answer-the-most-difficult-questions-you-face-1684581.htm, Zugriff am 15.07.2019).

3 Von mitarbeiterorientierter Personalstrategie zum »Active Employer Branding« – »Teamgeist erleben« in den Frankfurter Rotkreuz-Kliniken

Marion Friers

3.1 Einleitung

Tempo-Taschentuch, Nivea, Miele. Menschen lieben Marken. Denn Marken versprechen Qualität. Marken garantieren Wiedererkennung. Marken genießen Vertrauen. Genau so sind Marken außerordentlich erfolgreich. Aber dieses Prinzip der Unternehmensmarken (Corporate Brands) oder der Produktmarken (Product Brands) einfach auf einen Arbeitgeber übertragen? Der Begriff der Arbeitgebermarke (Employer Brand) gehört zu den gängigen Begriffen der klassischen Markentheorie. Aber kann das überhaupt funktionieren? Ein Krankenhaus als (Arbeitgeber-)Marke, dem die Bewerber vertrauen – und im besten Fall genau deshalb dort arbeiten wollen? Der 2013 bei den Frankfurter Rotkreuz-Kliniken begonnene Prozess hat gezeigt: Ja. Ein Krankenhaus kann durchaus eine erfolgreiche Arbeitgebermarke aufbauen.

Klar ist aber auch: ein Krankenhaus ist kein Produkt. Es sind vor allem die Identität des Krankenhauses und die Menschen, die dort arbeiten, die die Marke ausmachen. Deshalb kann eine wirkungsvolle Arbeitgebermarke auch nicht von der Klinikleitung verordnet, oder von einer externen Agentur mal eben so gestaltet werden. Belastbarer und nachhaltiger ist ein Prozess, der von Anfang an gemeinsam mit den Mitarbeitern aktiv gestaltet wird: *»Active Employer Branding«*.

Und wozu das alles? Die Antwort ist einfach: Die Arbeitgebermarke stärkt die Fachkräftesicherung. Qualifizierte und motivierte Mitarbeiter sind wichtig, um eine qualitativ hochwertige Patientenversorgung zu gewährleisten. Die Fachkräfte sind der entscheidende Erfolgsfaktor für jede Gesundheitseinrichtung. Die Wettbewerbsfähigkeit der Einrichtung hängt von den Fachkräften ab. Willkommen im »War of Talents«.

Der Begriff »War of Talents«, der den Wettbewerb der Unternehmen um die Fachkräfte beschreibt, wurde in einer Studie von Mc Kinsey 1997 erstmals genutzt (Michaels et al. 2001). Heute ist der Fachkräftemangel allgegenwärtig. Nahezu alle Branchen sind betroffen. Im Gesundheitswesen, das durch den demografischen Wandel besonders gefordert ist, ist der »War of Talents« inzwischen gelebter Alltag. »Engpassberufe« nennt das der Fortschrittsbericht des Bundesarbeitsministeriums 2017 und bezieht sich vor allem auf Pflegekräfte

Mittendrin stehen diejenigen, die im Gesundheitswesen Verantwortung für den Personalbereich tragen. Ihre Aufgabe ist es, vakante Stellen schnellstmöglich wieder zu besetzen. Das aber dauert inzwischen deutlich länger (Hasebrook und von Schirach 2014, S. 2) und vielfach stimmen die Qualität der Bewerbungen und die festgelegten Einstellungsvoraussetzungen nicht mehr überein. Der Druck ist hoch, trotz Kompromisse. Im Grunde ist der Paradigmenwechsel offensichtlich: nicht die Fachkräfte bewerben sich bei den Einrichtungen, sondern die Einrichtungen bewerben sich bei den Fachkräften.

Mitarbeitergewinnung und Mitarbeiterbindung stehen deshalb ganz oben auf der Agenda eines jeden Personalverantwortlichen, ganz besonders im Krankenhausbereich. Die Arbeitgeberattraktivität wird zur Richtschnur und zugleich zum bestimmenden Auftrag. Die Erwartungen und die Bedürfnisse der Mitarbeiter und der potenziellen Bewerber rücken stärker denn je in den Fokus.

Die gute Nachricht: Wer genau das erkannt hat, der ist dem Fachkräftemangel weniger hilflos ausgeliefert. Ein Patentrezept gibt es sicherlich nicht, doch dem Fachkräftemangel mit echten Maßnahmen entgegenzutreten, das ist möglich. Dazu gehört vor allem, sich als guter Arbeitgeber zu positionieren. Das Employer Branding ist der Prozess hin zu einem guten Arbeitgeber und es ist das Instrument die Positionierung sichtbar zu machen.

Voraussetzung für ein wirkungsvolles Employer Branding ist es, sich zunächst ernsthaft folgende Fragen zu stellen: Was macht einen Arbeitgeber für Mitarbeiter und Bewerber attraktiv? Welche Maßnahmen muss ich ergreifen, damit mein Angebot die Erwartungen erfüllt? Was habe ich zu bieten und woran muss ich noch arbeiten? Was habe ich überhaupt für einen Ruf als Arbeitgeber?

Unter Employer Branding muss deshalb mehr verstanden werden, als reine Marketingkommunikation. Bevor überhaupt kommuniziert wird, stehen die gezielte Arbeit an der eigenen Arbeitgeberattraktivität und an der eigenen Unternehmenskultur im Mittelpunkt. Wer sich auf diese Herausforderung einlässt, der wird die Antwort in einer mitarbeiterorientierten Personalstrategie finden. Mitarbeiterorientierung ist handlungsleitend für das Employer Branding.

Mit dieser Grundauffassung wird im vorliegenden Text deshalb von einem *Active Employer Branding* gesprochen. »Active Employer Branding« ist jeder Einrichtung möglich. »Active Employer Branding« ist nicht kostenlos, aber auch nicht unbezahlbar. Auch mit einem kleinen Budget, aber viel Kreativität lässt sich viel erreichen. Am Beispiel der Frankfurter Rotkreuz-Kliniken soll gezeigt werden, wie »Active Employer Branding« in der Praxis gelingen kann.

3.2 »Active Employer Branding« oder der Weg zum guten Arbeitgeber

»Active Employer Branding« erfasst immer die gesamte Einrichtung und adressiert direkt die Unternehmenskultur. Mitarbeiterorientierung wird zum handlungsleitenden Prinzip des »Active Employer Brandings« und setzt die Bereitschaft zur Veränderung voraus. »Active Employer Branding« ist deshalb immer auch Organisationsentwicklung.

3.2.1 Ein neuer praxisorientierter Begriff: »Active Employer Branding«

Der Begriff Employer Branding wurde erstmals in den 1990er Jahren (Ambler und Barrow 1996) genutzt. Bis heute wird Employer Branding als strategische Markenführung verstanden, die den Arbeitsmarkt adressiert und im Schwerpunkt auf Kommunikationsmaßnahmen beschränkt bleibt. Auch deshalb ist der Begriff des »Employer Brandings« aktuell nicht ganz unumstritten. Beanstandet wird etwa, dass anstelle einer klar sichtbaren Identität und Differenzierung der einzelnen Arbeitgeber lediglich Kommunikationskampagnen und glänzende Imagebroschüren entwickelt worden seien, die einerseits austauschbar erscheinen, andererseits häufig der Überprüfung im eigentlichen Arbeitsalltag der Unternehmen nicht standhalten konnten. (Scheller 2017) Kritisiert wird dabei auch, dass die tatsächlichen Werte eines Unternehmens beim Employer Branding häufig nur eine untergeordnete Rolle in der Außendarstellung spielen. Auch wird in Zweifel gezogen, ob es überhaupt gerechtfertigt ist, von einem gesonderten Employer Branding zu sprechen, da letztendlich doch die Nähe zum Personalmarketing offensichtlich sei. (Behrends und Baur 2016) Und ein weiterer Kritikpunkt am Employer Branding bezieht sich auf die Wirkung der sozialen Medien. Die Kritiker vertreten die Auffassung, dass durch die sozialen Medien, inklusive der Bewertungsplattformen, die kommunikative Steuerung des eigenen Arbeitgeber-Wunschbildes nach außen notwendiger Weise scheitern muss.

Die Kritikpunkte sind durchaus nachvollziehbar. Allerdings lassen sie in ihrer Bewertung strategische Optionen einer Markenführung außer Acht und fokussieren sich zu sehr auf die reine Außenkommunikation. Markenführung ist deutlich mehr als kommunikative Steuerung. Zur Markenführung gehört, dass die Marke mit bestimmten Eigenschaften verbunden wird, auf die auch tatsächlich vertraut werden kann. Das beinhaltet, dass an diesen Eigenschaften permanent gearbeitet wird. Um sich auf Dauer mit der eigenen Leistung von den Wettbewerbern abzugrenzen, beinhaltet Markenführung auch immer den Aspekt der permanenten Weiterentwicklung und damit der Innovation. Im Fall der Arbeitgebermarke bedeutet es, die eigene Arbeitgeberattraktivät, die Arbeitgeberidentität und das eigene Image auf dem Arbeitsmarkt stetig zu verbessern.

Und genau da sind die Sozialen Medien mehr Chance als Risiko. Soziale Medien sind identitätsbildend. Es spricht viel dafür, sie zu einem festen Bestandteil jeder Employer Branding Aktivität zu machen. Durch den direkten Dialog der sozialen Medien ist der direkte Austausch mit potenziellen Bewerbern, aber auch mit den eigenen Mitarbeitern möglich. Hier werden die Erwartungen sichtbar. Durch den Dialog entsteht Authentizität, Anerkennung eingeschlossen, Kritik möglich. Vorausgesetzt die Klinik scheut diesen direkten Dialog nicht und erkennt den Wert von Feedback für die eigene Entwicklung.

In den Frankfurter Rotkreuz-Kliniken war Employer Branding nie bloß Kommunikationsstrategie. Employer Branding wurde als Prozess verstanden, um als Arbeitgeber besser zu werden und damit zunächst für die eigenen Mitarbeiter und dann für mögliche Bewerber attraktiver zu sein. Genau das ist »Active Employer Branding«.

Konkrete Bestandteile eines »Active Employer Brandings« sind:

Grundlegend ist eine kritische Bestandsaufnahme – am besten gemeinsam mit den Mitarbeitern. Was bieten die Kliniken bereits, was zeichnet die Kliniken als Arbeitgeber aus – und was fehlt? In diesem Zusammenhang muss auch das Image in der Öffentlichkeit berücksichtigt werden, die »Employer Reputation«.

Darauf aufbauend – und in der Praxis nicht selten vernachlässigt: Das Gestalten der eigenen Arbeitgeberangebote und das tatkräftige Beseitigen der erkannten Defizite. In diesem Zusammenhang sind die Bedürfnisse der Mitarbeiter handlungsleitend und es ist wichtig die Erwartungen potenzieller Bewerber einzubeziehen.

Der gesamte Prozess ist durch die Unternehmenskommunikation nach außen und darüber hinaus nach innen zu begleiten. Dazu können gezielte Feedbackmechanismen eingebaut werden.

»Active Employer Branding« ist deshalb auch Veränderung in der eigenen Einrichtung. Den Führungskräften kommt während des gesamten Prozesses eine besondere Aufgabe zu. Ohne ihre durchgängige aktive Beteiligung scheitert jeder Veränderungsprozess. Die Führungskräfte übernehmen Gestaltungsverantwortung.

3.2.2 Das Fundament des »Active Employer Brandings«: Die Mitarbeiterorientierung

»Active Employer Branding« verlangt zunächst Klarheit darüber, mit welchen Eigenschaften die eigene Einrichtung als Arbeitgeber verbunden wird und mit welchen Eigenschaften sie verbunden werden soll. Hierzu ist eine Ist-Soll-Analyse geeignet.

Ein erster Blick gilt dem Ruf der Einrichtung in der Öffentlichkeit. Dazu ist keine teure Marketingstudie notwendig. Wie berichten lokale Medien über die Einrichtung, welche Meinung überwiegt in den sozialen Medien oder ganz einfach: Welche Meinung haben Verwandte, Freunde und Bekannte. So einfach das klingen mag, so richtungsweisend kann es sein.

Neben der bestehenden Reputation kommt auch den Erwartungen potenzieller Bewerber eine erhebliche Bedeutung zu. Sie sind die wichtigste Zielgruppe. Die Meinung der Bewerber zählt. In der Betrachtung sollte unbedingt zielgruppenorientiert vorgegangen werden. Zu beachten sind beispielsweise die Erwartungen der einzelnen Berufsgruppen. Was erwartet der Arzt, welche Wünsche hat die Pflegekraft, was fordern Mitarbeiter der Verwaltung und was ist für Mitarbeiter in Küche, Reinigung und Zentralsterilisation wichtig? Auch die Sichtweisen der unterschiedlichen Generationen sollten einbezogen werden. Hierzu kann durchaus auch auf externe Studien zurückgegriffen werden. Auch dafür ist kein großes Budget notwendig. Ein weiterer Vorteil: Der Einblick in die Erwartungen von Bewerbern bildet nicht nur den Status quo ab. Er gibt Einblicke in Entwicklungstrends auf dem Arbeitgebermarkt. Ein Einblick, der im beschriebenen »War of Talents« einen Vorsprung vor Mitbewerbern gibt. Wichtig ist, sich mit der Thematik der unterschiedlichen Sichtweisen und Erwartungen zu beschäftigen, denn hier zeigen sich die vielfältigen Möglichkeiten, die für die Ausgestaltung der eigenen Arbeitgebermarke relevant sind.

Von außerordentlicher Bedeutung für die Ist-Soll-Analyse ist die Meinung der eigenen Mitarbeiter. Wer wüsste besser, was die eigene Einrichtung auszeichnet oder was vielleicht noch fehlt. Die Wünsche und Erwartungen der Mitarbeiter sind echte Handlungsempfehlungen, wenn es darum geht die eigene Arbeitgeberattraktivität zu steigern. Mitarbeiterumfragen, die in vielen Einrichtungen gemacht werden, können dabei helfen. Die Umfragen können aber den Dialog nicht ersetzen.

Mitarbeiterorientierung wird zur zentralen Handlungsmaxime für die gesamte Einrichtung. Maßstab ist die Definition von Ulrike Bossmann und Lisa Degen (Bossmann und Degen 2017, S. 239):

»Mitarbeiterorientierung, das bedeutet vor allem: Handeln im Sinne des Mitarbeiters«

Diese Handlungsmaxime verlangt gerade hierarchisch geprägten Kliniken einiges ab. Die Führungskräfte sind gefordert.

Bisher war bei der Mitarbeiterführung in Kliniken vor allem verlangt, die Mitarbeiter zu organisieren, zu verwalten und zu überwachen. Die reine Aufgabenerfüllung und die Funktion des Mitarbeiters standen im Vordergrund. Bei mitarbeiterorientierten Unternehmen geht es um deutlich mehr. Die Organisation selbst wird auf den Mitarbeiter ausgerichtet. Das bedeutet, dass der Mitarbeiter selbst an der Gestaltung der Organisation mitwirkt. Um das erreichen zu können muss auf allen Ebenen der Unternehmensorganisation, insbesondere bei den Führungskräften, ein emphatischer Blick für die Wünsche und Erwartungen der Mitarbeiter entwickelt werden. Anders kann Mitarbeiterorientierung nicht entstehen.

Eine Organisation, die die Wünsche und Erwartungen der Mitarbeiter als Chance nutzt, wird Arbeitsbedingungen aufbauen, die zur Motivation der Mitarbeiter beitragen. Die Mitarbeiter selbst werden diese Entwicklung fördern und sich gezielt mit ihren Ideen einbringen. Mitarbeiterorientierung stärkt die Innovationskraft und Lösungsfähigkeit von Einrichtungen. Gerade in Zeiten der digitalen Transformation, unter der Maßgabe immer rascherer Veränderungen, erhöhter Komplexität und größerer Unsicherheiten (Stichwort VUKA-Welt), ist die Bereitschaft der Mitarbeiter in der eigenen Einrichtung Verantwortung zu übernehmen und mitzugestalten unverzichtbar. Auch Krankenhäuser bleiben von diesem Wandel nicht verschont.

Vor diesem Hintergrund wurde in den Frankfurter Rotkreuz-Kliniken schon lange vor dem Start aller Überlegungen zum Employer Branding, eine strikt mitarbeiterorientierte Personalstrategie aufgesetzt. Der Betriebsrat ist hier unbedingt mit einzubeziehen und zwar nicht nur aufgrund der Mitbestimmungsrechte des Betriebsverfassungsgesetzes, sondern weil er die Rolle eines wichtigen Sparringspartners übernehmen kann.

Um die Mitarbeiterorientierung in den Frankfurter Rotkreuz-Kliniken auszubauen, hat man sich für die Implementierung einer lebensphasenorientierten Personalführung entschieden.

Mitarbeiterorientierung durch lebensphasenorientierte Personalführung

Eine lebensphasenorientierte Personalführung nimmt die Lebens- und Berufsphasen eines Mitarbeiters gleichermaßen in den Blick und entwickelt Maßnahmen, die es dem Mitarbeiter ermöglichen berufliche und private Ziele und Anforderungen zu verbinden (Rump und Eilers 2014). Das beinhaltet auch die Aufforderung an den Arbeitgeber passende Angebote in der eigenen Einrichtung zu machen. Dabei geht es um mehr als Work-Life Balance, es geht um tatsächliche Begleitung und Entlastung des Mitarbeiters. Hier ist im Übrigen davon auszugehen, dass diese Angebote künftig immer individualisierter und passgenauer auf den einzelnen Mitarbeiter zugeschnitten werden müssen. In den Frankfurter Rotkreuz-Kliniken hat man früh auf individuelle Lösungen gesetzt. Das standardisierte Angebot wird durch das individuelle Angebot ersetzt, das gemeinsam mit den einzelnen Teams und der Führungskraft aufgebaut wird.

Die Handlungsfelder, die bei der lebensphasenorientierten Personalführung ins Blickfeld geraten sind, waren insbesondere folgende:

Familienfreundlichkeit

Von besonderer Bedeutung in der lebensphasenorientierten Personalführung ist sicherlich die Thematik der Familienfreundlichkeit. Familienfreundlichkeit ist ein wichtiger Faktor nicht nur für den Rekrutierungserfolg, sondern vor allem auch für die Bindung der Fachkräfte an die eigene Einrichtung. Die Vereinbarkeit von Beruf und Familie und von Beruf und Pflege sind grundlegende Handlungsfelder der Mitarbeiterorientierung.

In den Frankfurter Rotkreuz-Kliniken hat man sich dazu entschieden, dieses wichtige Thema in Zusammenarbeit mit der *berufundfamilie Service GmbH* zu bearbeiten und das *Audit berufundfamilie* zu durchlaufen (www.berufundfamilie. de). Das dazugehörige Zertifizierungsprogramm bietet eine enge Begleitung und erhöht durch Zielvereinbarungen auch die Verbindlichkeit in der eigenen Einrichtung. Von Vorteil ist auch, dass auf ein starkes Kompetenz-Netzwerk zurückgegriffen werden kann, und ein enger Austausch im Sinne von »Best Practices« gelebt wird. So muss das Rad nicht neu erfunden werden.

Die Frankfurter Rotkreuz-Kliniken gehören seit 2013 zu den zertifizierten Unternehmen. Seitdem wird gezielt an Angeboten zur Vereinbarkeit von Beruf und Familie gearbeitet.

Um Beispiele zu nennen:

In den Frankfurter Rotkreuz-Kliniken werden innovative Arbeitszeitmodelle realisiert, die Mitarbeiter werden in der Dienstplangestaltung eingebunden, individuelle Wünsche berücksichtigt. Die Teams selbst haben die Hoheit über die Dienstplangestaltung. Dies erhöht zwar den Steuerungsaufwand beim Personaleinsatz, aber rechtfertigt sich durch die Zufriedenheit der Mitarbeiter.

Gleiches gilt für die praktizierten Teilzeitmodelle, deren Vielfalt etwa im Bereich der Pflege als größte Berufsgruppe keinen Vorgaben unterliegt. Reduzierung und Wiedererhöhung des Zeitvolumens wird im Dialog zwischen Mitarbeiter, Stationsleitung und Pflegedienstleitung vereinbart. Hier zählt allein das Machbare. An dieser Stelle sei auch dargelegt, dass ab dem 50. Lebensjahr keine Verpflichtung mehr zur Nachtschicht besteht. Und auch Führungspositionen sind in Teilzeit möglich.

Zu einer guten Vereinbarkeit von Beruf und Familie gehört auch das Thema Rückkehr aus der Elternzeit. Hierfür wurde ein Kontakthalteprogramm entwickelt, das den Müttern und Vätern die Rückkehr erleichtert.

In den Frankfurter Rotkreuz-Kliniken will man das Thema der Vereinbarkeit von Beruf und Familie aber nicht nur auf die Kinderbetreuung reduzieren.

Wer lebensphasenorientiert arbeitet, der ist gut beraten, auch das Thema »Beruf und Pflege« einzubeziehen. Das brachte im Übrigen auch eine Mitarbeiterumfrage in den Frankfurter Rotkreuz-Kliniken zum Ausdruck. Die Frankfurter Rotkreuz-Kliniken gehörten deshalb 2014 zu den Erstunterzeichnern der Charta zur Vereinbarkeit von Beruf und Pflege, einer hessischen Initiative zur besseren Vereinbarkeit von Beruf und Pflege.

All das sind nur Beispiele. Jede Einrichtung kann ein mitarbeiterorientiertes Angebot für die Vereinbarkeit aufbauen. Die Angebote können dabei so vielfältig sein, wie die individuellen Situationen, in denen sich die Beschäftigten befinden. Dies ist im Übrigen auch keine Frage des Budgets. Auch kleine Maßnahmen können große Wirkung entfalten.

Gesundheit

Gesundheit ist ein weiteres wichtiges Handlungsfeld für die Mitarbeiterorientierung. Es geht darum Krankheiten am Arbeitsplatz vorzubeugen, das Wohlbefinden zu erhöhen und die Arbeitskraft und die Arbeitsfähigkeit der Mitarbeiter zu erhalten (dazu Luxemburger Deklaration zur Betrieblichen Gesundheitsförderung (BGF) in der Europäischen Union).

In den Frankfurter Rotkreuz-Kliniken wird seit einigen Jahren unter dem Motto *»aktivwir«* an einem ganzheitlichen Gesundheitsprogramm für die Mitarbeiter gearbeitet. Seit 2017 werden die Aktivitäten durch eine entsprechende BGM-Steuerungsgruppe mittels Managementmethoden gesteuert, koordiniert und in die Betriebsorganisation implementiert.

Zu Beginn wurden die klassischen Themen der Gesundheitsförderung entwickelt, darunter insbesondere der Bereich Verhaltensprävention, um den Mitarbeiter direkt Vorteile zu bieten. Zu diesem Zweck wurden auch Firmenkooperationen geschlossen, etwa mit Fitnessketten in der Region. Auch die Betriebssportgruppe wurde gefördert. Besonders sichtbar aber sind die Präventionsangebote durch den jährlich stattfindenden Gesundheitstag – einem »Markt der Möglichkeiten«, der für ganz unterschiedliche Themen der Gesundheit sensibilisiert.

Dann wurde an einem umfassenderen Konzept gearbeitet, das der Verhältnisprävention Raum gibt. Hier spielen Arbeitssicherheit und Arbeitsmedizin eine wichtige Rolle. Beide Bereiche sollten unbedingt einbezogen werden, wenn es um Gesundheitsangebote in der eigenen Klinik geht.

Bei diesen klassischen Elementen wollte man in den Frankfurter Rotkreuz-Kliniken aber nicht stehen bleiben. So war man davon überzeugt, dass das Thema Wohlbefinden und Gesundheit auch den Blick für gesellschaftspolitisch wichtige Themen öffnen muss. Deshalb ist auch in Planung Themen wie Umwelt- und Ressourcenschutz in das Gesundheitsprogramm der Kliniken aufzunehmen. Dies wiederum korrespondiert mit den ethischen Vorgaben des Internationalen Roten Kreuzes und stärkt die Wertekultur der Frankfurter Rotkreuz-Kliniken als Teil der Rotkreuz- und Rothalbmondbewegung.

Ein wichtiges Thema im Handlungsfeld der Gesundheit war auch die Einführung eines Betrieblichen Eingliederungsmanagements.

Um auch im Bereich des Gesundheitsmanagements einen Überblick zum Stand der Aktivitäten sowie einen Benchmark zu erhalten, haben die Frankfurter Rotkreuz-Kliniken sich den Vorgaben des Corporate Health Awards unterzogen. Dabei wurde zunächst der CHA Quick Check, inklusive Audit durchlaufen, um die Ist-Situation des Gesundheitsmanagements und der Gesundheitsförderung aufzunehmen und in Folge in ein systematisches Managementsystem zu überführen. Eine Aufgabe, die bis heute andauert.

Personalentwicklung und Talentpfade

Ein weiteres wichtiges Handlungsfeld ist die Personalentwicklung. Dabei geht es nicht nur um Karriereentwicklung, es geht auch darum die Motivation und die Arbeitsfähigkeit der Mitarbeiter zu erhalten. In den Frankfurter Rotkreuz-Kliniken wurde in diesem Zusammenhang ein umfassendes Angebot entwickelt. Für jeden einzelnen Bereich wurden Talentpfade geschaffen, die Karriereperspektiven eröffnen. Gerade in der persönlichen Lebensphase der »Rush Hour«, in der die Arbeit am beruflichen Erfolg und die Familiengründung zusammentreffen, ist die Klarheit der entwickelten Talentpfade für die Mitarbeiter von besonderem Wert. Die Talentpfade zeigen die Möglichkeiten auf. Die Führungskraft kann den Mitarbeiter in seiner Lebens- und Berufsphase bewusst begleiten.

Benefits und Services

Mitarbeiterorientierung zeigt sich auch darin, was den eigenen Mitarbeitern geboten wird, also an den ganz konkreten Mitarbeitervorteilen. In den Frankfurter Rotkreuz-Kliniken reicht das Angebot von einem signifikanten Zuschuss für den öffentlichen Nahverkehr, über kostenfreie Getränke, einer Kantine mit vergünstigten Mahlzeiten, Mitarbeitereinkauf für Gesundheitsartikel bis hin zu Sommerfesten, Weihnachtsfesten und Kulturangeboten. Als Teil des Deutschen Roten Kreuzes können darüber hinaus auch alle Mitarbeitervorteile des Deutschen Roten Kreuzes genutzt werden.

Darüber hinaus gibt es auch Angebote, die die Fürsorge für die Mitarbeiter ins Zentrum stellen, wie etwa ein kostenloses EAP Programm (Employee Assistance Program) um den Mitarbeiter gerade auch in kritischen Situationen des Lebens Stabilität zu geben.

Jede Einrichtung wird ihre eigenen Handlungsfelder identifizieren. Die Mitarbeiter sind hier bewusst einzubeziehen. Ihre Erwartungen sind handlungsleitend, ihre Ideen und Empfehlungen sind die Richtschnur.

Eine neue Rolle für die Personalabteilung: Vom Verwalter zum Dienstleister

Wenn es darum geht, in einer Einrichtung die Mitarbeiterorientierung zur Handlungsmaxime zu machen, dann liegt es nahe, den Fokus auch auf die Rolle der Personalabteilung zu richten. Welche Rolle spielt die Personalabteilung, welche Aufgaben hat sie in der eigenen Einrichtung? Gestaltet sie die Unternehmensstrategie der Einrichtung bewusst mit, oder verwaltet sie die Mitarbeiter? Viele Einrichtungen im Gesundheitswesen stehen vor der Aufgabe, ein modernes Personalmanagement in der eigenen Einrichtung aufzubauen. In der Regel geht es dabei tatsächlich darum, das Aufgabenspektrum zu erweitern und die Personalabteilung zu einer umfassenden Service- und Beratungseinheit weiterzuentwickeln. Dazu gehören neben Verwaltungsthemen wie Schichtplanung, Arbeitsrecht, Kostenreduktion und Effizienzgewinn, dann auch die Arbeitszufriedenheit im Blick zu haben, Veränderungsprozesse mitzugestalten und als strategischer und beratender Partner zu handeln. Für ein aktives Employer Branding, das auf Mitarbeiterorientierung setzt, ist es unverzichtbar, dass in der Personalabteilung auch Themen wie Personalentwicklung, Organisationsentwicklung, Arbeitgeberattraktivität und Unternehmenskultur deutlich an Bedeutung gewinnen.

Schon an dieser Stelle wird deutlich, dass eine enge Zusammenarbeit mit anderen Bereichen, etwa der Unternehmenskommunikation wichtig ist. Die Personalabteilung erhält den Auftrag und die Aufgabe, aktiv für das Wohlbefinden der Mitarbeiter am Arbeitsplatz zu sorgen. Konkret heißt das, dass die Einstiegs-, Beschäftigungs-, aber auch die Austrittsphase von Mitarbeitern gezielt begleitet wird. Wenn von Mitarbeiter-Wohlbefinden gesprochen wird, geht es darum, Strategien zu entwickeln, die es Mitarbeiter ermöglichen, ihre Arbeit produktiv und in guter Arbeitsumgebung zu erfüllen.

In den Frankfurter Rotkreuz-Kliniken wurde in diesem Zusammenhang ein klar definierter Onboarding Prozess entwickelt. Neben Einarbeitungskonzepten für die einzelnen Abteilungen, wurde ein Ordner für neue Mitarbeiter entwickelt, der nicht nur die wichtigsten Informationen, Ansprechpartner im Unternehmen, Dienstanweisungen und Betriebsvereinbarungen beinhaltet, sondern eben auch darüber informiert, welche konkreten Arbeitgeberangebote es in den Frankfurter Rotkreuz-Kliniken gibt. Ein wesentlicher Aspekt war es auch frühzeitig die Unternehmenskultur zu zeigen, die Werte, die als wichtig erachtet werden und damit in die Identität der Frankfurter Rotkreuz-Kliniken einzuführen. Die besondere Nähe zur Rotkreuz- und Rothalbmondbewegung ist hier wesentlich. Diese Maßnahmen sind wichtig für Identifikation des Mitarbeiters mit dem Arbeitgeber.

Darüber hinaus wurden in den Frankfurter Rotkreuz-Kliniken jährliche Mitarbeiterentwicklungsgespräche eingeführt. Aus den Mitarbeiterentwicklungsgesprächen wurden nicht nur individuelle Weiterbildungsmaßnahmen abgeleitet, sondern auch Themen für die innerbetriebliche Fortbildung, die dann im jährlichen Fortbildungskalender für die Mitarbeiter zugänglich gemacht worden sind. Für die Assistenzärzte wurde ein gesondertes Fortbildungsangebot entwickelt, um die ärztliche Weiterbildung zu unterstützen. Auch wurden Informationen darüber gewonnen, in welchen Bereichen hinsichtlich der Arbeitsumgebung und Arbeitsbelastung Handlungsbedarf besteht. Wer die Mitarbeiterorientierung verfolgt, ist auch aufgefordert an einer offenen Feedbackkultur zu arbeiten.

Führungskräfte: Schlüsselrolle für die Mitarbeiterorientierung

In Krankenhäusern dominiert häufig noch immer ein Führungsverständnis, das Arbeitsleistung einteilt, überwacht und das Augenmerk darauflegt, den operativen Betrieb aufrechtzuerhalten. Ein solches Verständnis hat mit Mitarbeiterorientierung nur wenig zu tun. Mitarbeiterorientierung und das Konzept der lebensphasenorientierten Mitarbeiterführung setzt auf Führungskräfte, die neben den operativen Aufgaben, die Einrichtung bewusst und verantwortungsvoll im Sinne der Mitarbeiter gestalten. Dazu gehört zum einen, den Mitarbeiter die besondere Identität und Unternehmenskultur zu vermitteln. Zum anderen gehört dazu die Bedürfnisse und Erwartungen der Mitarbeiter ernst zu nehmen und gestaltend in die Weiterentwicklung der Einrichtung einzubringen.

Ein wichtiger Schritt für die Stärkung der Mitarbeiterorientierung in der eigenen Einrichtung ist deshalb eine umfassende Führungskräfteentwicklung. In den Frankfurter Rotkreuz-Kliniken wurde aus diesem Grund ein Entwicklungsprogramm für Führungskräfte aufgesetzt. Das Programm umfasste ein Profiling, eine Führungskräftewerkstatt mit Workshops zu klassischen Führungsthemen und ein Eins-zu-eins-Coaching, bei dem es vor allem darum ging, die eigene Führungsrolle zu definieren und immer wieder zu beleuchten. Im Vorfeld wurden gemeinsam Grundsätze für ein werteorientiertes und partizipatives Führungsverständnis entwickelt. In diesem Führungsverständnis finden sich nicht nur die Grundsätze der Rotkreuz- und Rothalbmondbewegung wieder, auch das gemeinsame Bekenntnis zu Mitarbeiterorientierung und lebensphasenorientierter Personalführung wird sichtbar und zur gemeinsamen Verpflichtung erklärt.

3.3 Der Kern des Employer Brandings: Die Employer Value Proposition (EVP)

Wer durch die hier dargestellten Maßnahmen sein eigenes Personalmanagement modernisiert hat und Klarheit darüber gewonnen hat, welche Reputation die eigene Einrichtung als Arbeitgeber genießt. Wer darüber hinaus die Erwartungen von Mitarbeitern und Bewerbern in den Fokus genommen und gezielt an der eigenen Arbeitgeberattraktivität durch ein Mehr an Mitarbeiterorientierung gearbeitet hat, der kann es wagen nun zu klären, was die die Besonderheit der eigenen Einrichtung ist.

Dazu ist es notwendig, dass auf folgende Fragen eine klare und unverwechselbare Antwort gegeben werden kann:

Was zeichnet die Klinik als Arbeitgeber aus? Und warum sollte sich ein Kandidat für diese Klinik entscheiden?

3.3.1 Die Employer Value Proposition: Das werteorientierte Alleinstellungsmerkmal

Die Employer Value Proposition (EVP) positioniert eine Einrichtung und grenzt die Einrichtung von den Mitbewerbern auf dem Arbeitsmarkt ab. Bei der Entwicklung der EVP ist es deshalb von Vorteil seine Mitbewerber auch zu kennen. Dazu ist keine wissenschaftliche Analyse notwendig, wichtig ist aber den Außenauftritt der Mitbewerber zu studieren. Vieles ist sicherlich auch bekannt. Gerade auch hier können die eigenen Mitarbeiter einbezogen werden. Es ist nicht zu unterschätzen, wieviel die Mitarbeiter über die Arbeitsbedingungen in anderen Gesundheitseinrichtungen in der Region wissen.

Eine gute EVP stärkt die Bindung der Mitarbeiter und entwickelt auch Anziehungskraft für potenzielle Bewerber. Sie ist immer werteorientiert. Deshalb ist die EVP mehr als irgendeine wohlklingende Eigenschaft. Die EVP ist ein persönliches Versprechen des Arbeitgebers.

Der erste Schritt auf der Suche nach der passenden EVP ist deshalb eine ehrliche Bestandsaufnahme. Für das »Active Employer Branding« lautet die wichtigste Vorgabe: Die eigenen Mitarbeiter ernst zu nehmen ist Grundvoraussetzung.

In den Frankfurter Rotkreuz-Kliniken wurde sehr gezielt ein intensiver Dialog mit den eigenen Mitarbeitern herbeigeführt. Auch hier ist es unerlässlich und von Vorteil, den Betriebsrat eng einzubinden. Durch diesen Dialog sollte zunächst Klarheit darüber gewonnen werden, warum sich die Mitarbeiter für die Frankfurter Rotkreuz-Kliniken als Arbeitgeber entschieden haben. Dabei wurde auch abgefragt, was sie besonders finden und was sie schätzen.

Um den Dialog zu organisieren, wurde in den Frankfurter Rotkreuz-Kliniken der Prozess durch eine externe Agentur gestaltet. In dem Verfahren sollte herausgefunden werden, was die Mitarbeiter gut finden, aber eben auch, welche Schwächen gesehen werden. Durch die Einbindung eines neutralen Dritten war die Bereitschaft der Mitarbeiter deutlich größer, eine ehrliche Meinung zu formulieren.

Es wurden Workshops aufgesetzt, an denen Repräsentanten jeder einzelnen Berufsgruppe teilgenommen haben. Auch die Erwartungen an den Arbeitgeber wurden gesammelt. Dabei war die Meinung der Reinigungskraft und des Küchenmitarbeiters von ebenso großer Bedeutung, wie die der Pflegekraft, der medizinischen Fachangestellten oder des Verwaltungsmitarbeiters und Chefarztes. Es ging darum, so viele Sichtweisen wie möglich einfließen zu lassen. Diese Vorgehensweise war nicht kritiklos. Vielfach wurde kritisiert, dass die Ansprüche einer Reinigungskraft an den »guten Arbeitgeber« doch sicherlich andere seien, als die eines Chefarztes oder einer Führungskraft. Die EVP steht aber für alle Mitarbeiter und repräsentiert die Wertehaltung der Klinik. Deshalb hat man sich auch bewusst für diese Vorgehensweise entschieden. Das was die Klinik auszeichnet, muss für alle gelten, die in der Klinik arbeiten. Darüber hinaus, sollte hier auch bewusst gezeigt werden, dass eine Klinik immer eine Organisation ist, in der Menschen mit unterschiedlichen Qualifikationen Hand in Hand arbeiten. Erwähnt sei an dieser Stelle, dass die Teilnehmer des Workshops diese Zusammensetzung als besonders vorteilhaft empfunden haben, spiegelt sie doch auch den Arbeitsalltag selbst wider.

Um die Erkenntnisse aus den Workshops zu vertiefen, wurden in einem zweiten Schritt Einzelinterviews geführt. Hier stand nicht nur die Überprüfung der Workshop Ergebnisse im Zentrum, sondern es ging vor allem darum herauszufinden, wo die Mitarbeiter ihre Erwartungen nicht erfüllt sehen.

Bei der Auswahl der Interviewpartner wurde nicht nur auf die unterschiedlichen Berufsgruppen gesetzt. Ein Fokus wurde zusätzlich auf Alter und Geschlecht gelegt, es wurden langjährige Mitarbeiter befragt und solche, die erst seit kurzem in den Kliniken arbeiteten. Was darüber hinaus auch eingeflossen ist, sind sogenannte informelle Machtstrukturen, die bekannten »grauen Eminenzen« von Organisationen.

Aus den ganz unterschiedlichen Antworten kristallisierten sich schließlich eindeutige Werte heraus, die nach Meinung der Mitarbeiter besonders prägend für den Arbeitsalltag in den Frankfurter Rotkreuz-Kliniken sind. Genannt wurden:

- »Teamgeist«
- »Wertschätzung«
- »Zeit«
- »Qualifikation«

Was in den Antworten aber vor allem dominierte, war der »Teamgeist«. Damit war klar: Die Employer Value Proposition – das unverwechselbare Alleinstellungsmerkmal der Frankfurter Rotkreuz-Kliniken ist »Teamgeist«. Der Kritik, dass Teamgeist doch eher eines der typischen Buzzwords im Employer Branding sei, wurde entgegengesetzt, dass es nicht um Zusammenarbeit geht. Teamgeist sollte vielmehr als enger Zusammenhalt und Beistand in belastenden oder auch angenehmen Situationen verstanden werden, durchgängig verbunden mit einer optimistischen und respektvollen Grundeinstellung. Dieses Verständnis nach außen zu transportieren wurde zur kommunikativen Aufgabe.

Die herausgearbeiteten Werte »Wertschätzung«, »Zeit« und »Qualifikation« verweisen auf eine zweite Ebene des EVP: die Ebene des Nutzenversprechens.

3.3.2 Employer Value Proposition: Das Nutzenversprechen

Sehr häufig wird die EVP auf das werteorientierte Alleinstellungsmerkmal reduziert. Aber ein EVP ist sowohl Alleinstellungsmerkmal, als auch Nutzenversprechen. Auch der Mehrwert muss im EVP sichtbar und spürbar werden.

In der Regel wird in diesem Zusammenhang meist die Empfehlung gegeben, den Blick auf folgende theoretische Ebenen zu richten und daraus direkte Nutzenversprechen zu entwickeln:
Vergütung, Arbeitsbedingungen und Arbeitsumgebung, Karrieremöglichkeiten und Entwicklungschancen, Arbeitsplatzsicherheit und Unternehmenskultur.

Sicherlich sind dies wichtige Faktoren für die Arbeitgeberattraktivität und jede Einrichtung ist gut beraten, sich mit diesen Ebenen zu beschäftigen. Wenn aber in jedem Unternehmen die gleichen Faktoren betrachtet werden, ist es wenig überraschend, wenn austauschbare Antworten entstehen. Wer Employer Branding als »Active Employer Branding« verfolgt, der ist auch im Zusammenhang mit der Entwicklung des EVP-Nutzenversprechens besser beraten, auch hier die Mitarbeiter konkret nach dem bestehenden Nutzen zu fragen – immer im Vergleich zu anderen Arbeitgebern.

»Wertschätzung« – »Zeit« – »Qualifikation« – genau diese Nutzenversprechen wurden in den Frankfurter Rotkreuz-Kliniken betont und sie wurden sogar von den Mitarbeitern in den Workshops und Interviews beschrieben:

Die eigene Arbeit wird von den Vorgesetzten, von den Kollegen und von den Patienten gesehen und geschätzt; in den Teams besteht ein familiärer und respektvoller Umgang. Die guten Arbeitsbedingungen, der Stellenplan, aber eben auch die Tatsache, dass alle Mitarbeiter über eine gute Qualifikation verfügen, geben jedem Einzelnen Zeit, um den eigenen beruflichen Anspruch realisieren zu können. Den eigenen Anspruch zu realisieren, ist sicherlich für jeden ein wichtiger Aspekt, aber vor allem für Pflegekräfte ist die Umsetzung einer qualitativ hochwertigen Pflege am Patienten im täglichen Arbeiten einer der wichtigsten Aspekte für Attraktivität des Arbeitsplatzes. Und genau das hat eben auch mit Zeit und Qualifikation zu tun.

Der Vorteil dieser partizipativen Vorgehensweise liegt auf der Hand: es konnte eine sehr spezifische EVP entwickelt werden. Und weil die EVP durch die Mitarbeiter entwickelt worden ist, wird sie auch durch die Mitarbeiter getragen. Genau dadurch entsteht die im Employer Branding die immer wieder eingeforderte Authentizität. Die Mitarbeiter werden zu Botschaftern der EVP.

3.4 Die Kommunikationsphase: Das Employer Branding in den Frankfurter Rotkreuz-Kliniken

Die Beziehung zwischen EVP und Employer Branding kann vielleicht so beschrieben werden: die EVP macht eine Aussage darüber, was den Arbeitgeber auszeichnet; die Kommunikationsphase des »Employer Brandings« entwickelt dazu Bildsprache, den öffentlichkeitswirksamen Auftritt und formuliert die passende Botschaft.

Die Arbeitgebermarke soll möglichst viel positive Aufmerksamkeit erhalten. Auch die Auswahl der Kommunikationsinstrumente spielt hier eine Rolle und damit eng verbunden, die zielgerichtete Abstimmung aller Kommunikationsinstrumente. Und da es immer um Wiedererkennung geht, ist darauf zu achten, die gleiche Botschaft über alle Kommunikationskanäle zu senden. Ausschlaggebend für die Botschaft ist auch hier die EVP.

Aber nicht nur die kommunikative Außendarstellung ist ausschlaggebend. Ebenso wichtig ist die Organisation der Bewerberkontakte selbst. Wie wird mit dem Bewerber kommuniziert, wenn er sich für die Einrichtung als potenziellen Arbeitgeber interessiert? Das attraktive Bild, das nach außen kommuniziert wird, muss sich auch im direkten Kontakt bestätigen. Das rücken die Themen Personalmarketing, Candidate Journey und Candidate Experience in den Fokus.

3.4.1 Personalmarketing, Candidate Journey und Candidate Experience

Wer über ein Employer Branding nachdenkt, der sollte auch seine Maßnahmen im Personalmarketing betrachten. Der Begriff Personalmarketing ist vielschichtig (Knabenreich OJ).

In der Praxis wird unter Personalmarketing unter anderem alle Maßnahmen verstanden, die dazu dienen, Mitarbeiter zu rekrutieren und zu binden.

Auch in den Frankfurter Rotkreuz-Kliniken dominiert diese Sichtweise. Dabei wurde zwischen internem und externem Personalmarketing unterschieden.

Das interne Personalmarketing steht in enger Beziehung zu den Maßnahmen der Mitarbeiterorientierung und arbeitet an konkreten Arbeitgeberangeboten, Serviceleistungen und Benefits für die Mitarbeiter. Das interne Personalmarketing beschäftigt sich auch mit der Unternehmenskultur selbst. Gerade in Krankenhäusern ist man sich der großen Bedeutung der Unternehmenskultur für die Fachkräftesicherung noch immer nicht bewusst. Gerade die jüngeren Generationen zeigen eine weitaus höhere Wechselbereitschaft. Sie suchen sich ihren Arbeitgeber viel bewusster auch hinsichtlich der Unternehmenskultur aus (Reifgerste et al., S. 20). Das Gehalt oder Arbeitsplatzsicherheit sind wichtige Faktoren, aber gerade im tarifgebundenen Gesundheitswesen nicht mehr unbedingt die ausschlaggebenden (Schubert 2018).

Internes Personalmarketing ist eng mit der internen Unternehmenskommunikation verbunden. Dabei geht es darum das Gemeinschaftsgefühl zu stärken und die Identifikation der Mitarbeiter mit der eigenen Einrichtung zu erhöhen. Die Maßnahmen, um dieses Ziel zu erreichen, können vielfältig sein.

Zwei Beispiele aus den Frankfurter Rotkreuz-Kliniken:

Im Rahmen der Kampagne »Teamgeist erleben« wurden Postkarten entwickelt, die ganz gezielt auch intern eingesetzt worden sind. Auf die Gesundheitstage wurde hingewiesen, in dem in der Cafeteria schon Wochen zuvor »gesunde Angebote« unter dem Motto *aktivwir* gemacht wurden.

Oder bei der Eröffnung der neuen Klinik für Schulterchirurgie hat man die Mitarbeiter aufgefordert, Fotos aus den Teams zu schicken, um zu zeigen, was sie täglich »Auf den Schultern tragen«. Die Fotos wurden auf Facebook veröffentlich und nach »Likes« prämiert. Diese Maßnahme stärkte nicht nur das Teamgefühl, es entwickelte sich auch direkt eine enge Bindung zur neu gegründeten Klinik.

Eine wichtige Maßnahme in diesem Zusammenhang ist auch die Einführung eines Social Intranets, das bewusst auf die Feedbackfunktion setzt.

Das externe Personalmarketing ist fokussiert auf die Rekrutierung neuer Mitarbeiter. Es richtet sich gezielt an potenzielle Bewerber, die für die eigene Einrichtung gewonnen und begeistert werden sollen. Um das zu erreichen, stehen unterschiedliche Rekrutierungskanäle zur Verfügung. Eine strategische Festlegung ist sinnvoll. Während Positionen, die häufiger oder in höherer Anzahl gesucht werden, über klassische Rekrutierungskanäle besetzt werden können (z.B. Stellenanzeige, Online-Jobbörsen, Kontakt zu Arbeitsämtern, die eigene Webpage), können Fachexperten beispielsweise über Active Sourcing in Karrierenetzwerken oder durch Mitarbeiterempfehlungen erreicht werden. Nachwuchskräfte können über Weiterbildungsinstitute, Hochschulen oder Jobmessen angesprochen werden. Diese Ausdifferenzierung ist eine Thematik, die in Krankenhäusern noch häufig unterschätzt wird. Noch immer dominiert die klassische Stellenanzeige. Online Rekrutierung ist im Krankenhaus noch immer deutlich unterrepräsentiert. Die Möglichkeit, sich mobil zu bewerben, ist eher selten. Die Möglichkeit der »One-Click-Bewerbung«, bei der das Bewerberprofil direkt aus dem Business-Netzwerk geladen wird, findet man in Krankenhäusern kaum. Wer sich jedoch als modernes Krankenhaus präsentieren möchte, der ist gut beraten, auch diese Entwicklungen für das eigene Rekrutierungsverfahren zu berücksichtigen. In diesem Zusammenhang ist es lohnend, sich mit den aktuellen Rekrutierungstrends auseinanderzusetzen. (Monster 2018)

In den Frankfurter Rotkreuz-Kliniken arbeitet man sehr gezielt an den eigenen Rekrutierungsaktivitäten. Dabei wird besonderer Wert daraufgelegt, die Maßnahmen und die Rekrutierungskanäle stimmig und zielgruppenorientiert zu kombinieren. Auch über die Gestaltung, etwa der Anzeigen, soll Aufmerksamkeit gewonnen werden. Dabei ist nicht nur die Kreativität und die Bildsprache wichtig, sondern auch der Ausschreibungstext selbst. In den Frankfurter Rotkreuz-Kliniken legt man besonderen Wert darauf, für einzelne Positionen sehr spezifische Texte zu entwerfen. Was die Bildsprache betrifft, werden wo immer möglich auch eigene Mitarbeiter gezeigt.

Die eigenen Rekrutierungsaktivitäten einer genaueren Betrachtung zu unterziehen und sie für den Bewerber ansprechend und passgenau zu gestalten, gehört bewusst zur Kommunikationsphase des Active Employer Brandings. Dabei geht es auch darum, dem potenziellen Kandidaten die Bewerbung so einfach wie möglich zu machen. Die Hürde für den Bewerber sollte niedrig sein. Wichtig sind erst einmal der Kontakt und die Kontaktdaten. Der Lebenslauf ist zentral. Bewerbungsanschreiben sind zu vernachlässigen, vollständige Bewerbungsunterlagen können nachgereicht werden. Dieses Verständnis ist in Krankenhäusern noch unterrepräsentiert, es ist aber wichtig, um zur ersten Wahl für den Bewerber zu werden.

Ein weiterer sehr wichtiger Punkt, der hier nicht unerwähnt bleiben soll, sind die Themen »Candidate Experience« und »Candidate Journey«. Hat man die Aufmerksamkeit des Bewerbers durch die stimmige Rekrutierungsstrategie gewonnen, geht es darum Vertrauen aufzubauen.

Mit »Candidate Journey« bezeichnet man die einzelnen Kontakte des Bewerbers mit dem neuen, potenziellen Arbeitgeber. Die »Candidate Experience« beschreibt, wie der Bewerber diese Kontakte erlebt, welche Erfahrung er dabei macht. (Wald und Athanas 2017, S. 7)

Der potenzielle Kandidat sollte bei jedem einzelnen Kontakt, egal ob Recruiter, Führungskraft oder Kollege, die Kultur des Unternehmens erleben. Die EVP muss spürbar werden. Auch aus diesem Grund ist die Thematik der Rekrutierung gerade bei Führungskräften immer wieder zu thematisieren.

Die »Candidate Experience« hat nicht nur Einfluss auf die Entscheidung des Bewerbers, sie ist auch von Bedeutung für die spätere Mitarbeiterbindung. Wer von Anfang an gute Erfahrungen mit dem Arbeitgeber macht, wird zu einem echten Botschafter werden. Das Onboarding gehört deshalb auch nach Vertragsunterschrift zur »Candidate Experience«.

»Candidate Journey« und »Candidate Experience« können die Arbeitgebermarke stärken, aber eben auch schwächen. Es lohnt sich deshalb, sich in der eigenen Einrichtung mal in die Lage eines Bewerbers zu versetzen und genau zu beobachten, wie der Rekrutierungsprozess im eigenen Hause abläuft. Empfehlenswert ist auch neue Mitarbeiter konkret danach zu befragen.

3.4.2. Die Kampagne »Teamgeist erleben«

Die Kommunikationsphase des »Active Employer Brandings« umfasst klassische Aufgaben der Unternehmenskommunikation. Die Besonderheit beim »Active Employer Branding« ist, dass Unternehmenskommunikation und Personalmanagement Hand in Hand arbeiten. Da dies in Krankenhäusern keine Selbstverständlichkeit ist, wurde in den Frankfurter Rotkreuz-Kliniken zu einem sehr frühen Zeitpunkt das Personalmarketing und die Rekrutierung bewusst in die Kommunikationsabteilung gezogen. Das intensivierte auch den Austausch zwischen Unternehmenskommunikation und Personalmanagement. Diese Strukturänderung war zu diesem Zeitpunkt ein Novum, aktuell ist dies in unterschiedlichen Varianten in immer mehr Unternehmen zu finden.

Was die Kommunikationsphase betrifft, wurde die Entscheidung getroffen, für die Arbeitgebermarke eine umfassende Kampagne zu konzipieren. Der Vorteil einer auf einen gewissen Zeitraum angelegte Kommunikationskampagne ist, dass die Arbeitgebermarke so schnell und intensiv sichtbar gemacht werden kann. Es ist aber genauso möglich, mit kontinuierlichen Einzelmaßnahmen aufzutreten. Die Best Practice Beispiele im Buch zeigen das. Im Grundsatz geht es vor allem darum, über unterschiedliche Informationsinstrumente nach außen zu zeigen, wofür die eigene Einrichtung steht. Wichtig ist nur, dass die Einzelmaßnahmen stets aufeinander abgestimmt und zielgruppenorientiert ausgewählt werden. Es geht darum, ein einheitliches Bild nach außen zu zeigen. Auch die EVP muss durchgängig sichtbar sein. Der potenzielle Bewerber soll die Einrichtung wiedererkennen, er soll etwas mit der Einrichtung verbinden.

In den Frankfurter Rotkreuz-Kliniken wurde zunächst übereinstimmend zur EVP der »Teamgeist« zum »Markenkern«, oder zum Credo bzw. zur Substanz der Marke (wie es Christian Blümelhuber, Professor für strategische Organisationskommunikation an der an der Universität der Künste Berlin, treffender ausdrückt ▶ Kap. 1). Darauf aufbauend wurde schließlich der Claim »Teamgeist erleben« entwickelt.

Zielgruppe aller Kommunikationsaktivitäten sollten zunächst Pflegekräfte sein. Entsprechend wurde das Kreativkonzept aufgesetzt.

Hier ist einer professionellen Kreativagentur der Vorzug vor eigenen Gestaltungsversuchen zu geben. Kleine Kreativagenturen können hier viel leisten. Jedoch sollten die Vorschläge der »Marketing-Profis« durchaus kritisch überprüft werden. Passt der Entwurf zum EVP? Passt der Entwurf überhaupt zur eigenen Einrichtung? Kann man sich mit dem Kreativentwurf identifizieren? Empfehlenswert ist es auch hier Führungskräfte und Mitarbeiter der Einrichtung einzubeziehen. Deren Meinung ist von unschätzbarem Wert.

In den Frankfurter Rotkreuz-Kliniken hat man sich beispielsweise klar gegen die vorgeschlagene Bildsprache von Pflegekräften in ihrer »Helferfunktion«, »demutsvoll lächelnden« entschieden. In der Bildsprache sollte vielmehr die hohe Qualifizierung, das Selbstbewusstsein und das Berufsverständnis der Pflegekräfte sichtbar sein.

Orientiert an der Aussage der Mitarbeiter: »Bei uns ist Arbeiten bunt«, hat man die Farbgebung des Auftritts bei der Arbeitgebermarke bewusst neu aufgesetzt und das eher konservativ anmutende Corporate Design der Kliniken verlassen. Am deutlichsten sichtbar ist dies auf der Microsite der Kampagne »Teamgeist erleben« (www.teamgeist-erleben.de, Zugriff am 19.04.2019). Die Microsite in ihrer Funktion als Landingpage und Karriereseite gleichermaßen steht im Zentrum der Kampagne. Hier werden gezielt die vier Nutzenversprechen der EVP gezeigt und mit Fakten hinterlegt: Teamgeist, Zeit für die Patienten, Qualifizierung und Wertschätzung. Darüber hinaus kann man schon hier seine neuen Kollegen kennenlernen. Einzelne Mitarbeiter kommen als Testimonials zu Wort und darüber hinaus wurde ein Mitarbeiter-Film integriert.

Für dieses Video gab es kein Drehbuch. Es wurde lediglich ein Drehort festgelegt und die Mitarbeiter darüber informiert, dass sie dort –auch im Team – zeigen können, warum sie gerne in den Frankfurter Rotkreuz-Kliniken arbeiten. Auf Sprache sollte bewusst verzichtet werden, um die Schwelle der Teilnahme niedrig zu halten. 120 Mitarbeiter nahmen an dem Videodreh teil. Ergebnis ist ein besonders authentischer Film, der tatsächlich auch alle Berufsgruppen in der Klinik zeigt.

Auf der Microsite gibt es darüber hinaus ein Kurz-Bewerbertool. Im Sinne »die Einrichtung bewirbt sich beim Bewerber« sollte die Kontaktschwelle niedrig sein.

Ein Novum im Klinikbereich war zu diesem Zeitpunkt sicherlich auch die Entscheidung für Werbung im öffentlichen Raum (Out-of-Home-Media): Plakatwerbung, Werbung auf Bussen, sogenannte Swing Cards in U-Bahnen und Litfaßsäulen. Die vier Plakatmotive spiegelten dabei die vier Nutzenversprechen des EVP wieder. Das besondere bei allen Kommunikationsinstrumenten: Die

Mitarbeiter selbst zeigen Gesicht. Das erhöht die Authentizität und Aufmerksamkeit.

Darüber hinaus wurde auch das Feld des Guerilla Marketing beschritten. Guerilla Marketing ist vorteilhaft, weil es aktionsorientiert ist und in der Regel kein großes Budget erfordert. Durchaus riskant ist es jedoch, weil gut im Blick gehalten werden muss, ob nicht rechtliche oder ethische Grenze überschritten werden. Die Aktion der Frankfurter Rotkreuz-Kliniken bestand darin, Postkarten und Sattelbezüge für Fahrräder in ganz Frankfurt zu verteilen. Das im Übrigen haben die Pflegeschüler übernommen.

Auch die sozialen Medien, insbesondere die Facebook-Seite spielte bei der Kampagne eine Rolle. Die Facebook-Seite sollte dazu genutzt werden, im Sinne des Storytellings ein anderes Gesicht der Klinik zu zeigen, die Social-Media-Aktivitäten sollen zu einem Dialog einladen. Es geht nicht darum eine zweite Homepage auf Facebook zu haben.

Wichtig bei der Kampagnenplanung ist es, die unterschiedlichen Maßnahmen auch dramaturgisch aufeinander abzustimmen. Die Kampagne soll schließlich über längeren Zeitraum Wirkung entfalten. Aber auch bei Einzelmaßnahmen kann dramaturgisch gearbeitet werden, eine Einzelmaßnahme kann in die andere greifen – interne Einzelmaßnahmen können neben externen Einzelmaßnahmen stehen. Die Mitarbeiter können dadurch zu Multiplikatoren werden.

Die Kampagnen selbst wurden in der internen Kommunikation intensiv begleitet, so beispielsweise auch über die interne Mitarbeiterzeitschrift mit dem Namen »TeamPuls«. Die interne Kommunikation wird in Krankenhäusern noch immer vernachlässigt. Wenn sie jedoch als Instrument der Unternehmenskultur verstanden wird, stärkt sie die Mitarbeitermotivation, trägt zur Unternehmensentwicklung bei und leistet einen wichtigen Beitrag für die Arbeitgebermarke.

3.5 Schlussbemerkung

Employer Branding ist wichtig und für jede Einrichtung machbar. Auch mit einem kleinen Budget. Denn es geht vor allem darum, gezielt daran zu arbeiten, ein guter Arbeitgeber zu sein. Wegbereiter hierfür ist eine konsequente Mitarbeiterorientierung. Wenn Mitarbeiterorientierung in der eigenen Organisation zur Handlungsmaxime wird, wird aus Employer Branding das »Active Employer Branding«.

Auch »Active Employer Branding« setzt auf eine Kommunikationsphase. »Active Employer Branding« ist aber weitaus mehr als Marketingkommunikation. »Active Employer Branding« ist vor allem gemeinsam gelebte Mitarbeitermotivation. Wesentlich für ein »Active Employer Branding« ist es, konkrete Angebote für mehr Mitarbeiterzufriedenheit zu entwickeln.

Auch wenn die Mitarbeiterorientierung handlungsleitend ist, nicht alle Bedürfnisse, Erwartungen und Wünsche der Mitarbeiter können immer erfüllt werden. In diesem Fall geht es darum, zu erläutern, welche Erwartungen erfüllt und welche nicht erfüllt werden können. Voraussetzung hierfür ist Dialog, Offenheit der Kommunikation und Transparenz. Die Führungskräfte nehmen hier eine wichtige Rolle ein.

Zentral für ein »Active Employer Branding« ist es, die eigenen Mitarbeiter ernst zu nehmen und sie zu aktivieren. »Active Employer Branding« bedeutet immer auch Partizipation. So werden die Mitarbeiter zu Botschaftern der eigenen Klinik.

Wenn Employer Branding so verstanden und praktiziert wird, dann ist es ein wirksames Mittel gegen den Fachkräftemangel im Gesundheitswesen. Die eigene Klinik entwickelt sich Schritt für Schritt zu einem Arbeitgeber, bei dem man gerne und lange arbeiten möchte.

Literatur

Ambler, T., Barrow, S. (1996): The employer brand. The Journal of Brand Management 4 (3). 30.Oktober.

Behrends, T., Bauer, M. (2016): Employer Branding: Kritische Würdigung eines personalwirtschaftlichen Gestaltungsansatzes. Flensburger Hefte zu Unternehmertum und Mittelstand 12/2016. (https://www.econstor.eu/handle/10419/147992, Zugriff am 20.07.2019).

Bittlingmaier, T., Schelenz, B. (2015): Employer Reputation – Das Konzept »Arbeitgebermarke« neu denken. Freiburg: Haufe Verlag

Böcken, J., Kostera, T. (2017): Faktencheck Pflegepersonal im Krankenhaus. Internationale Empirie und Status quo in Deutschland Berteslmann Stiftung.

Bundesagentur für Arbeit Statistik/Arbeitsmarktberichterstattung (Hrsg.) (2018): Berichte: Blickpunkt Arbeitsmarkt 2018. Fachkräfteengpassanalyse. Nürnberg.

Bundesministerium für Arbeit und Soziales, Referat Öffentlichkeitsarbeit, Internet (Hrsg.) (2017): Fortschrittsbericht zum Fachkräftekonzept der Bundesregierung. Bonn.

Burstedde, A., Werner, D. (2018): Unternehmen müssen mehr Zeit für Personalsuche einplanen. In: IW-Kurzbericht 17. Köln: Institut der Deutschen Wirtschaft.

Greiner, L. (2018): So haben die Millenials die Arbeitswelt verändert. (http://www.spiegel.de/karriere/generation-y-so-haben-die-millennials-die-arbeitswelt-bereits-veraendert-a-1195595.html, Zugriff am 05.04.2018).

Gruppe, M., Scherumann, A. (2014): Mitarbeiter sind keine Kunden. Harvard Business Manager Dezember 2014.

Hanefeld, S., Hoppe, D., Matulenski, S. (2018): Employer Branding und Neuorganisation: Wege aus dem Fachkräftemangel in der Pflege. Das Krankenhaus 1.

Hasebrook, J. P., Schirach, C., von Heitmann, C. (2014): Gesundheitswesen in der Demographiefalle. Ergebnisse einer branchenübergreifenden Studie zu generationsspezifischen Maßnahmen bei der Gewinnung und Bindung von hochqualifizierten Fachkräften. Das Krankenhaus 106.

Institut der Deutschen Wirtschaft Köln e. V. (Hrsg.) (2014): KOFA Fachkräftesicherung für kleinere und mittlere Unternehmen: Handlungsempfehlung Online Rekrutierung. Köln.

Klaffke, M. (2014): Generationenmanagement. Konzepte, Instrumente, Good-Practice Ansätze. Wiesbaden.

Knabenreich, H. (2018): Fehlende Ressourcen im Recruiting als Grund für schlechte Stellenanzeigen und Fachkräftemangel. 22. November 2018 von personalmarketing2null. (https://personalmarketing2null.de/2018/11/fehlende-ressourcen-stellenanzeigen-fachkraeftemangel/more-47579, Zugriff am 23.11.2018).

Knabenreich, H. (OJ): Personalmarketing: Definitionen, Aufgaben und Ziele: (https://personalmarketing2null.de/personalmarketing-definition/, Zugriff am 20.11.2018).

Luxemburger Deklaration zur betrieblichen Gesundheitsförderung in der Europäischen Union. Diese Deklaration wurde von allen Mitgliedern des Europäischen Netzwerkes für betriebliche Gesundheitsförderung anlässlich ihres Treffens vom 27. bis 28. November 1997 in Luxemburg verabschiedet und im Juni 2005 sowie im Januar 2007 aktualisiert.

Michaels, E., Handfield-Jones, H., Axelrod, B. (2001): The War of Talents. Boston, Massachusetts. Havard Business School Publishing.

Monster (2018): Monster Recruitung Trends 2018: So gut sind deutsche Unternehmen. (https://arbeitgeber.monster.de/hr/personal-tipps/rekrutierung-verguetung/rekrutierung/monster-recruitingtrends-2018.aspx, Zugriff am 06.06.2018).

Reif, M. K. (2016): Employer Branding vs. Employer Reputation. September 6, 2016. (https://www.reif.org/blog/employer-branding-vs-employer-reputation/, Zugriff am 20.11.2018).

Reifgerste, C., Fischer, A., Podtchassova, E., Schmicker, S. (2017): Studie Was der Pflegenachwuchs will Erwartungen an Arbeitgeber aus der Sicht von Pflegeschülerinnen und Pflegeschülern, August.

Rump, J., Eilers, S. (Hrsg.) (2014): Lebensphasenorientierte Personalpolitik. Strategien, Konzepte und Praxisbeispiele zur Fachkräftesicherung. Berlin, Heidelberg.

Scharfenberg, E. (2016): Was beschäftigt Pflegekräfte? Ausgewählte Ergebnisse der Umfrage von Elsabeth Scharfenberg, MdB.

Scheller, S. (2014): Employer Reputation statt Employer Branding? Braucht es überhaupt eine Arbeitgebermarke? 06.05.2014. (https://persoblogger.de/2014/05/06/employer-reputation-statt-employer-branding-braucht-es-uberhaupt-eine-arbeitgebermarke/, Zugriff am 24.11.2018).

Scheller, S. (2017) Warum klassisches Employer Branding ausgedient hat. (https://persoblogger.de/2017/07/10/warum-klassisches-employer-branding-ausgedient-hat/, Zugriff am 24.06.2019).

Scholz, C. (2014): Generation Z. Wie sie tickt, was sie verändert und warum sie uns alle ansteckt. Weinheim: Wiley-VCH.

Schubert, P. (2018): Studie zur Arbeitgeberattraktivität: Gutes Teamklima und gegenseitige Wertschätzung sind das A und O. Deutsches Ärzteblatt 115 (18): [2]. (https://www.aerzteblatt.de/archiv/197704/Studie-zur-Arbeitgeberattraktivitaet-Gutes-Teamklima-und-gegenseitige-Wertschaetzung-sind-das-A-und-O. DtschÄrztebl 2018; 115(18): [2] Zugriff am 16.11.2018.)

Trost, A. (Hrsg.) (2013): Employer Branding. Köln: Luchterhand Verlag

Verhoeven, T. (2016): Candidate Experience. Ansätze für eine positiv erlebte Arbeitgebermarke im Bewerbungsprozess und darüber hinaus. Wiesbaden. Springer Verlag.

Wald, P. M. (HTWK Leipzig) Christoph Athanas (meta HR Unternehmensberatung GmbH) Berlin / München 2017: Good Practices: vom passenden Kandidaten zum loyalen Mitarbeiter. Candidate Journey Studie 2017.

Weidner, I. (2016): Unternehmen schummeln bei der Selbstdarstellung. In: Computerwoche voice of digital 14.o1.2016. (https://www.computerwoche.de/a/unternehmen-schummeln-bei-der-selbstdarstellung,3221002, Zugriff am 14.01.2016).

4 annersder und stolz drauf – Vom Suchen und Finden einer Arbeitgebermarke

Kristin Brunner

Bürgerhospital und Clementine Kinderhospital gemeinnützige GmbH

Mehrere hundert Jahre alt und kein bisschen verstaubt – so präsentieren sich das Bürgerhospital Frankfurt und das Clementine Kinderhospital. Die beiden traditionsreichen Frankfurter Stiftungskrankenhäuser fusionierten 2009 und bieten moderne Medizin für junge und erwachsene Patienten – vom Frühgeborenen bis zum Senioren. Heute arbeiten an den beiden Häusern, die insgesamt um die 400 Betten umfassen, ca. 1.400 Mitarbeiterinnen und Mitarbeiter in 22 medizinischen Fachbereichen. Gemeinsam versorgen sie an die 24.000 stationären und fast 68.000 ambulanten Fälle pro Jahr. Dabei liegt ihr Schwerpunkt neben der Chirurgie, der Inneren Medizin und der Augenheilkunde auf der Geburtshilfe und der Pädiatrie. www.buergerhospital-ffm.de

»Wir sind einfach annersder!«, nach fünf Stunden Workshop, voller vergossenem Hirnschmalz und rauchenden Köpfen, war dies der Satz, der den Personalmarketing-Knoten zum Platzen brachte. Noch etwas Tüftelei und Feintuning und schon war die Kampagne »Es geht auch annersder!« geboren. Das klare Statement dahinter: Wir sind anders, besser – zum Wohle unserer Mitarbeiter und Patienten. Darauf sind wir stolz. Diese Kernbotschaft wurde 2017 Dreh- und Angelpunkt aller zukünftigen Personalmarketingaktivitäten des Bürgerhospitals Frankfurt und des Clementine Kinderhospitals.

Was sich hier so einfach anhört, war jedoch ein langfristiger, gut strukturierter Prozess, dessen Ziel es war, einen Markenkern der beiden Krankenhäuser herauszuarbeiten und diesen in geeigneter Form nach innen und außen zu kommunizieren.

4.1 Das Rhein-Main-Gebiet: Ein hart umkämpfter Markt

Wahrscheinlich wird der »war for talents« an den Krankenhäusern der Rhein-Main-Region noch intensiver geführt als an manch anderen Orten Deutschlands. Allein in Frankfurt buhlen 15 Krankenhäuser um qualifizierte Mitarbeiter – vornehmlich im Bereich der Pflege und Entbindungspflege. Doch auch bei anderen Berufsgruppen zeigt sich, dass qualifizierte Mitarbeiter mehr und mehr zur Mangelware werden. Zusätzlich hat die Finanzmetropole einen enormen Standortnachteil, extrem hohe Mieten und Immobilienpreise, die manch einen Bewerber abschrecken.

Die Zeiten, in denen sich ein Krankenhaus allein hinter seiner medizinischen Reputation verstecken konnte, sind jedoch wohl in ganz Deutschland längst vorbei. Um Mitarbeiter muss aktiv geworben werden, ganz gleich, ob diese neu gewonnen oder an das Haus gebunden werden sollen. Die Frankfurter Rotkreuz-Kliniken hatten dies als erstes erkannt. Doch schon bald zogen andere Krankenhäuser nach – so auch das Bürgerhospital Frankfurt und das Clementine Kinderhospital.

4.1.1 Die Zielsetzung

Eine starke Arbeitgebermarke mit einer entsprechenden Marketingkampagne musste her. Dieser Entschluss fiel Mitte 2015. Das A und O dabei: Glaubwürdigkeit und Nachhaltigkeit. Das Ziel: die Kreation einer einprägsamen Arbeitgebermarke, die den realen Kern der Krankenhäuser eins-zu-eins widerspiegelt und dadurch neue und aktuelle Mitarbeiter für die beiden Krankenhäuser begeistert. Die Maxime: Nichts versprechen, was man nicht halten kann!

4.1.2 Die Vorbereitung

Akquise interner und externer Experten

Um alle Mitarbeitergruppen des Krankenhauses mitzunehmen und dadurch später die interne Akzeptanz für die Arbeitgebermarke zu erhöhen, wurde ein Projekt-Team gegründet. Dieses bestand aus Vertretern der Pflege, der Ärzteschaft, der Unternehmenskommunikation, der Personalabteilung, der Organisationsentwicklung und des Betriebsrates. Alters- und Geschlechtsstruktur waren bewusst durchmischt. Die Mitglieder fungierten als Berater, Ideengeber sowie Multiplikatoren in die eigene Berufsgruppe hinein. Unternehmenskommunikation und Personalabteilung waren zudem für die Umsetzung verantwortlich.

Dem Projekt-Team wurde eine personalmarketing-erfahrene Agentur zur Seite gestellt. Neben der Steuerung des Prozesses war es ihre Aufgabe, ihr Know-How einfließen zu lassen, die Entwicklung des Kommunikationsdesigns und des Maßnahmenfahrplans sowie später die Umsetzung einzelner Maßnahmen zu übernehmen. Zudem sollte sie durch die Draufsicht von außen eventuelle Betriebsblindheiten und zu stark nach innen gerichtete Sichtweisen korrigieren.

4.1.3 Die Analyse

Zielgruppendefinition

Am Anfang einer jeden Kampagne steht selbstredend die Definition der Zielgruppen, um die geworben werden soll. Das neue Arbeitgebermarketing des Bürgerhospitals Frankfurt und des Clementine Kinderhospitals sollte sich hauptsächlich an potenzielle Bewerber richten, jedoch auch von den aktuellen Mitarbeitern getragen werden. Schließlich umfasst erfolgreiches Arbeitgebermarketing nicht nur Mitarbeitergewinnung, sondern auch -bindung.

Das Projekt-Team definierte die Zielgruppen wie folgt:

- Pflegekräfte*
- Hebammen/Entbindungspfleger*
- Ärzte/Ärztinnen
- Verwaltungsmitarbeiter
- weitere Mitarbeiter wie Reinigungskräfte etc.

Bei den mit * gekennzeichneten Berufsgruppen wurde ein besonders hoher Bedarf ermittelt. Allen sollte passgenau kommuniziert werden, warum sie sich für das Bürgerhospital Frankfurt bzw. das Clementine Kinderhospital als Arbeitgeber entscheiden sollten.

Mitarbeiterbefragung

Eine der zentralen Fragestellung lautete folglich: Wodurch überzeugen das Bürgerhospital Frankfurt und das Clementine Kinderhospital als Arbeitgeber und wie unterscheiden sie sich von anderen Krankenhäusern?

Um dies herauszufinden, wurde im März 2016 eine anonyme Befragung der aktuellen Mitarbeiter durchgeführt. Anhand der Great Place to Work®-Befragung konnte ein Stimmungsbild ermittelt werden, das als Grundlage aller weiteren Schritte diente. Da die Befragung 2016 an insgesamt 26 Akut-Krankenhäusern in Deutschland durchgeführt wurde, konnte zudem ein Benchmark die Frage beantworten: An welchen Stellen stechen wir heraus, was sind unsere Besonderheiten?

Fünf übergeordnete Dimensionen spielten im Benchmark eine Rolle. In den Dimensionen »Glaubwürdigkeit« und »Respekt« lagen die Antworten im Durchschnitt. Bei »Fairness« und »Teamgeist« schnitten das Bürgerhospital Frankfurt und das Clementine Kinderhospital dagegen leicht überdurchschnittlich gut ab und im Bereich »Stolz« lagen die beiden Häuser mit 5 % deutlich über dem Median.

»Stolz« wurde somit als zentraler Treiber der Unternehmenskultur identifiziert.

In den Detailfragen wurden die Mitarbeiter u. a. nach den Werten, für die die beiden Krankenhäuser stehen, befragt. Zu den am häufigsten genannten Begriffen, die von den Befragten frei angeführt werden konnten, zählten u. a.:

- menschlich
- freundlich
- familiär
- fair
- kompetent
- Teamgeist

Erfreulich war, dass die Umfrageergebnisse an beiden Häusern ähnlich ausfielen. Hatten das Bürgerhospital Frankfurt und das Clementine Kinderhospital doch sieben Jahre zuvor fusioniert. Das homogene Ergebnis konnte daher als deutliches Zeichen dafür gewertet werden, dass sich beide Krankenhäuser auf einem guten Weg zu einer einheitlichen Unternehmenskultur befanden.

Aufgrund der kompletten Befragung kam Great Place to Work® auf die Stärken der Häuser bezogen zu folgendem Fazit.

1. Die Mitarbeiter sehen ihren Arbeitgeber als familiäres Unternehmen, auf das sie stolz sind
2. Die Mitarbeiter kümmern sich umeinander und es herrscht eine freundliche Arbeitsatmosphäre
3. Die Mitarbeiter empfehlen ihren Arbeitgeber weiter
4. Die Arbeit ist mehr als ein Job
5. Es herrschen vergleichsweise flache Hierarchien

Selbstverständlich hatte die Befragung nicht nur Stärken herausgearbeitet, sondern auch Bereiche mit Verbesserungsbedarf aufgezeigt. Beides wurde den Führungskräften sowie sämtlichen Mitarbeitern beider Häuser vorgestellt und diente als Grundlage für die Weiterentwicklung der Unternehmenskultur und Personalarbeit. Für die Arbeit des Projekt-Teams hingegen waren für die weitere Arbeit hauptsächlich die Stärken entscheidend. Obschon die Verbesserungspotenziale nicht vollkommen aus den Augen gelassen wurden.

4.2   Markenkern und Kernbotschaft

4.2.1   Workshop

Die Mitarbeiterbefragung hatte die Schwerpunkte des Markenkerns zu Tage befördert. Doch was bedeutete Aussagen wie »familiäre Atmosphäre« oder »Menschlichkeit« im Tiefgang? Wie drücken sie sich am Bürgerhospital und Clementine Kinderhospital genau aus? Und welche Kernbotschaft ließ sich hieraus ableiten?

Dies erarbeitete das Projekt-Team in einem eintägigen Workshop, an dessen Ende ein Arbeitgeberversprechen, eine Markenbotschaft stand, aus der eine Marketingkampagne entwickelt werden konnte.

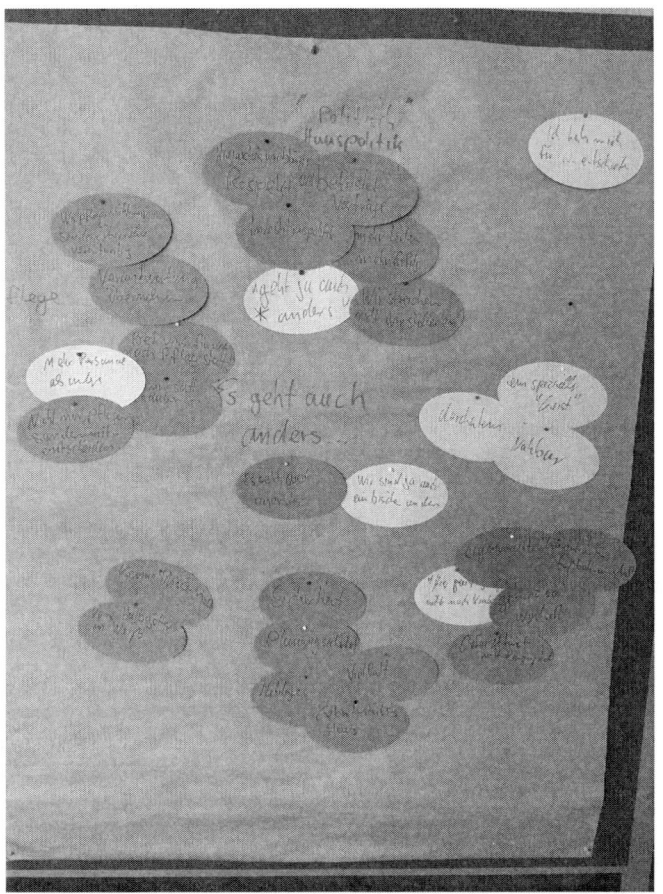

Abb. 4.1: In einem eintägigen Workshop wurde von dem Projektteam das Arbeitgeberversprochen entwickelt: »annersder!«

Nach mehreren Stunden intensiver Arbeit und Diskussionen war man sich einig: »annersder« – kaum treffender als mit dem hessischen Wort für »anders« kann man in einem Wort beschreiben, wofür die beiden Häuser stehen. Der Begriff ist Botschaft und Bekenntnis in einem. Neben dem Anderssein als Arbeitgeber betont er die regionale Verbundenheit zum hessischen Standort und eine gewisse Familiarität. Zusätzlich grenzte man sich dadurch gegenüber dem Wettbewerb ab. Weitere Personalmarketing-Kampagnen waren in der Zwischenzeit im Rhein-Main-Gebiet ausgerollt worden. Doch keiner hatte bisher die Karte »Regionalität« gespielt.

Doch für kaum ein Krankenhaus passte das Prädikat besser als für das Bürgerhospital Frankfurt und das Clementine Kinderhospital. Im 18. bzw. 19. Jahrhundert eröffnet, gehören sie zu den traditionsreichsten Krankenhäusern Frankfurts und sind wahre hessische Urgesteine – Ebenso wie mancher ihrer Mitarbeiter damals und heute.

Zudem hat das Anders-Sein an beiden Krankenhäusern Tradition. 1779 war das Bürgerhospital Frankfurt das erste Krankenhaus für Frankfurter Bürger. Das bis dato einzige Krankenhaus in Frankfurt, das Hospital zum heiligen Geist, stand – wie zu dieser Zeit üblich – lediglich Messereisenden und Obdachlosen offen. Bürger der Stadt ließen sich zuhause behandeln – insofern sie es sich leisten konnten. Dem wollte der Stifter Dr. Johann Christian Senckenberg Abhilfe schaffen. Nachdem er bei der Stadt wenig Gehör gefunden hatte, stiftete er kurzerhand sein eigenes Krankenhaus, um die Gesundheitsversorgung Frankfurter Bürger zu verbessern. Ca. 100 Jahre später erkannte man am Clementine Kinderhospital, dass Kinder einer altersgerechten medizinischen Versorgung bedürfen und nicht, wie bisher, wie kleine Erwachsene behandelt werden dürfen.

Noch am Workshoptag entwickelte sich aus dem Schlüsselbegriff »annersder« schon bald die Kernbotschaft »Wir sind annersder. Und wir sind stolz darauf.«

Selbstredend behauptet jeder Arbeitgeber von sich, anders als die anderen zu sein, um Mitarbeiter für sich einzunehmen. Was im Detail das Bürgerhospital Frankfurt und das Clementine Kinderhospital von anderen Krankenhaus-Arbeitgebern unterscheidet und wie sich dies zeigt, wurde daher auf zwei Wegen herausgefunden. Zum einen erarbeitete das Projekt-Team noch am Workshop-Tag entsprechende eigene Eindrücke. Zum anderen wurden im Folgenden Mitarbeiter der unterschiedlichen Zielgruppen um eine entsprechende Einschätzung gebeten. Diese Detail-Ergebnisse fanden in die Entwicklung der Kampagne Eingang.

Ebenfalls Eingang erhielten fiktive candidatae personae. Wunschkandidaten, die man sich für die einzelnen Zielgruppen als Idealbewerber vorstellen würde und die die Kampagne erreichen soll.

4.2.2   Die Marketingkampagne

Auch die Geschäftsführung zeigte sich schnell von »annersder« überzeugt. Die Agentur wurde damit beauftragt, eine entsprechende Kampagne zu entwickeln.

Mehrere Ideen wurden vorgestellt, die den Spagat zwischen auffallen und dennoch die Werte der traditionsreichen Krankenhäuser widerspiegeln, schaffen sollten. Wichtig war dabei, die Kernbotschaft mit zielgruppenspezifischen Botschaften und Claims sowie visuellen Elementen zu untermauern, die der Arbeitswirklichkeit an beiden Häusern entsprechen. Hierfür waren die Ergebnisse der Workshop-Arbeit sowie der Befragung einzelner Mitarbeiter entscheidend. Diese unterlegten Begriffe wie »familiär«, »menschlich«, »Teamgeist« oder »freundlich« mit Inhalten. So hatte sich beispielsweise herauskristallisiert, dass unter »freundlich« u. a. verstanden wurde, dass die Chefärzte nahbar sind und unter »fair« die Gleichbehandlung unabhängig von Hautfarbe, Sexualität oder Aussehen.

Die Wahl fiel auf die Kampagne »Es geht auch annersder!«. Diese spricht die Zielgruppen durch individuelle Bildwelten an, welche zum einen das Miteinander und die familiäre Atmosphäre der Mitarbeiter unter einander widerspiegeln. Zum anderen bewegen sie sich in den Arbeitswelten der einzelnen Berufsgruppen und beziehen sich auf zielgruppenspezifische Bedürfnisse und Erlebniswelten. Sämtliche Motive stammen aus den Krankenhäusern und zeigen reale Mitarbeiter, um Authentizität zu gewährleisten. Als wichtiges Design-Element richten locker gestrichelte Umrandungen in den Corporate-Farben der beiden Krankenhäuser den Fokus auf die abgebildeten Mitarbeiter. Insgesamt wurde das Design der Kampagne am bereits bestehenden Corporate Design der beiden Krankenhäuser angelehnt, um einen Wiedererkennungswert zu schaffen.

Die Motive sowie passende Texte und Slogans unterstreichen unterschiedliche herausgearbeiteten Besonderheiten der beiden Krankenhäuser. Die Slogans sind stets mit einem sprachlichen Kniff versehen, der zum Nachdenken und Schmunzeln einlädt. So heißt es u. a. auf der Abbildung 4.2 mit zwei Krankenpflegern, die unterschiedlicher kaum sein könnten: »Was wir an Unterschieden schätzen? Die Vorteile, nicht die Vorurteile. Komisch oder annersder?«

Abb. 4.2: Vielfalt als Vorteil – Unterschiede werden auf den Motiven gezeigt und geschätzt.

und verbunden mit einem Motiv, auf dem zwei Ärzte zu sehen sind (▸ Abb. 4.3): »Was wir an unseren Chefärzten schätzen? Das offene Ohr, nicht den Heiligenschein. Komisch oder annersder?« Wort und Bild ergänzen sich perfekt, funktionieren jedoch auch selbstständig.

Abb. 4.3: Die Slogans sind stets mit einem sprachlichen Kniff versehen, der zum Nachdenken und Schmunzeln einlädt.

Dass man einen Slogan ggf. zwei Mal lesen muss, ist intendiert und soll bewirken, dass der Betrachter – eines Plakates etwa – hängen bzw. stehen bleibt. Dazu werden häufig in der Arbeitgeberkommunikation genutzte Buzz-Words verwendet. Ihnen wird jedoch eine überraschende Wendung gegeben. So auch beim Slogan (▸ Abb. 4.4): »Was wir an Teamwork schätzen? Dass man zusammenwächst und zusammen wächst. Komisch oder annersder?«

Was wir an Teamwork schätzen? Dass man zusammenwächst und zusammen wächst. Komisch oder annersder?

Mal ehrlich, so komisch ist das gar nicht. Zumindest nicht bei uns. Als „kleines" Haus mitten in Frankfurt wissen wir einfach, wie wichtig es ist, aufeinander Acht und Hand in Hand alles zu geben. Deshalb investieren wir an den richtigen Stellen und setzen auf einen Personalschlüssel, der konzentriertes Arbeiten und mehr Qualität möglich macht. Wir freuen uns schon darauf, gemeinsam mit Ihnen etwas Bedeutsames zu leisten. Und das in einem Team, in dem es menschlich zugeht – mit Respekt, Achtung und einem Miteinander auf Augenhöhe. Darauf sind wir stolz.

Es geht auch annersder. | www.annersder.com

Abb. 4.4: Überraschende Wendung für Buzzwords: Teamwork neu betrachtet.

Jeder Slogan ist dabei identisch aufgebaut. Der erste Satz beschreibt, welche Werte das Krankenhaus schätzt. Im zweiten wird dieser Wert wieder aufgegriffen und ihm eine überraschende teils proaktive Wendung gegeben. Sie präzisiert, was genau daran geschätzt wird. Mit der abschließenden Formel »komisch oder annersder?« soll unterstrichen werden, dass »annersder« eben nicht in seiner Bedeutung »komisch« verstanden wird, sondern in seiner Bedeutung als »besser, besonders«.

In Image-Anzeigen und auf der Internetseite vertieft ein Text die Aussage von Bild und Slogan.

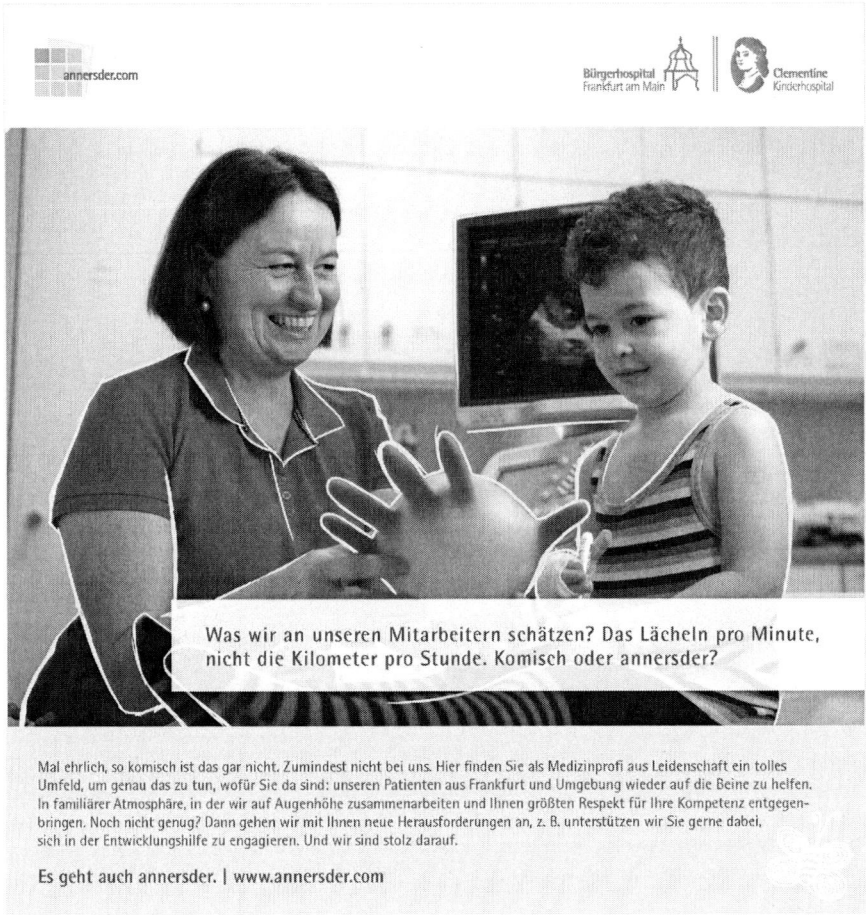

Abb. 4.5: Imageanzeigen für unterschiedliche Berufsgruppen unterstreichen die Aussagen von Bild und Slogan.

Lautet der Slogan, mit dem um Verwaltungsmitarbeiter geworben wird: »Was wir an unserer Verwaltung schätzen? Dass sie eigentlich Gestaltung heißen müsste. Komisch oder annersder?« So erläutert der Text: »Mal ehrlich, so komisch ist das gar nicht. Zumindest nicht bei uns. Unser Motto: Wir verwalten nicht. Bei uns bekommen Sie die Chance, an den wichtigen Stellschrauben zu drehen, um unsere Arbeit Tag für Tag ein Stück besser zu machen. Und das in einem hervorragend aufgestellten Team, in dem es familiär zugeht – mit Respekt und Achtung für Ihre Fähigkeiten sowie der richtigen Balance aus Job und Familie. Weil es Hand in Hand einfach besser läuft als auf eigene Faust. Darauf sind wir stolz.«

Da am Bürgerhospital Frankfurt und am Clementine Kinderhospital nicht nur Hessisch, sondern auch Hochdeutsch sowie viele andere Sprachen aus über 40 Nationen gesprochen werden, traf das Projekt-Team die Entscheidung: Eine

Abb. 4.6: Die Motive der Imageanzeigen verdeutlichen auch den starken Zusammenhalt und die familiäre Atmosphäre, die besonders geschätzt werden.

Aussprache- und Begriffserklärung ist unabdingbar. Aus diesem Gedanken wurde ein wichtiges Element der Kampagne geboren. Die an der Darstellung von Wörterbüchern erinnernde Präsentation des Begriffs »annersder« inklusive Lautschrift sowie Begriffs-Erläuterung (▶ Abb. 4.7).

#annersder [anɛsdər]

Mundart: Hessisch; Bedeutung: auf andere
Art und Weise – auch: besser, schöner

Abb. 4.7: Ein immer wiederkehrendes Element der Kampagne ist die Lautschrift sowie Erläuterung des hessischen Begriffs »annersder«.

Sie findet sich auf unterschiedlichen Kommunikationsmedien wieder und drückt aus, dass am Bürgerhospital Frankfurt und Clementine Kinderhospital alle Mitarbeiter willkommen sind, ganz gleich, ob sie Hessisch sprechen oder nicht.

Ebenso wurde eine Kampagnen-Logo entwickelt, das sich ebenfalls am Corporate Design der Krankenhäuser orientiert, sowie für die Online-Kommunikation der Hashtag *#annersder*. Beide sind fester Bestandteil der Kampagne und werden aktiv in die Kommunikation und das Marketing eingebunden.

Abb. 4.8: Ein gesondertes Kampagnenlogo, das sich an dem Corporate Design der Krankenhäuser orientiert

4.3   Die Implementierung: Maßnahmenfahrplan und Roll-Out

Parallel zur Kampagnenentwicklung wurde der Maßnahmenfahrplan erstellt, der sowohl die geeigneten Maßnahmen, als auch deren zeitlich optimalen Einsatz festlegte.

4.3.1 Microsite als Informationszentrale

Als der wichtigste Bestandteil wurde die Microsite *www.annersder.com* aufgesetzt. Abgekoppelt von der eigentlichen Krankenhaus-Website bietet sie diverse Vorteile. So spricht sie einzig und allein Bewerber an. Die auf ihr wiedergegebenen Texte sind dementsprechend in Inhalt, Sprache und Tonalität gehalten. Daneben ermöglicht eine geringe Navigationstiefe den zielgerichteten Zugang zu Informationen. Diese umfassen dabei nicht nur Stellenausschreibungen. Der Interessent erfährt u. a. mehr über Weiterbildungsangebote, Mitarbeiter-Benefits, unterschiedliche Berufsbilder am Haus und die Meinung der eigenen Mitarbeiter über ihren Arbeitgeber. Testimonials teilen ihre Einschätzung über den eigenen Arbeitgeber mit. Eine TagCloud zeigt die Werte, mit denen die Teilnehmer der GreatPlaceToWork®-Befragung das Bürgerhospital Frankfurt und das Clementine Kinderhospital verbinden. Durch Verlinkungen mit der Krankenhausseite ermöglicht es www.*annersder.com* dem Leser zusätzlich, sich über die fachlichen Besonderheiten einzelner Fachbereiche oder die der Krankenhäuser insgesamt zu informieren. Mobile Responsivität war bei der Programmierung selbstverständlich Pflicht.

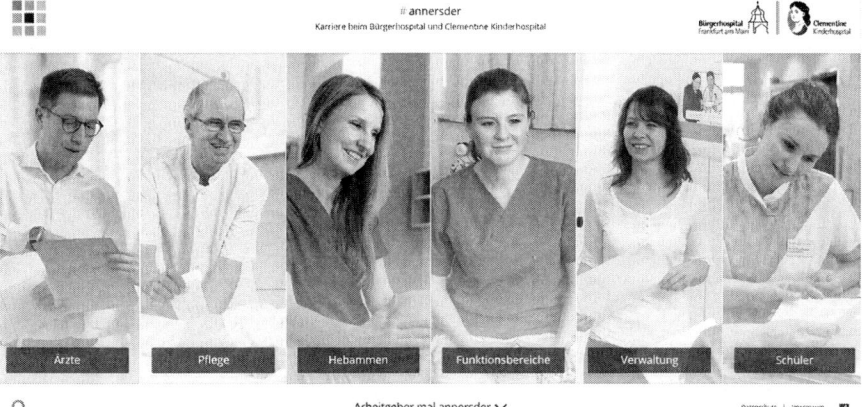

Abb. 4.9: Zentraler Dreh- und Angelpunkt der Kampagne ist die Microsite www.annersder.com. Auf der Internetseite werden Aussagen von Bild und Slogan noch einmal vertieft für die unterschiedlichen Berufsgruppen dargestellt. Ein besonderes Extra ist die SocialMediaWall, die Online-Posts von den Krankenhäusern und über sie gebündelt wiedergeben.

Ein besonderes Extra der Microsite ist die *SocialMediaWall*. Auf ihr erscheinen sämtliche Social-Media-Einträge in denen annersder, der Hashtag *#annersder*, das Bürgerhospital Frankfurt und das Clementine Kinderhospital erwähnt werden. Dabei ist es nicht entscheidend, ob die Unternehmenskommunikation, ein Mitarbeiter oder ein Patient postet. Der potenzielle Bewerber erhält so einen direkten und ungefilterten Einblick hinter die Kulissen seines neuen Arbeitgebers.

Neben der Microsite wurden im Vorfeld des Roll-outs Stellenanzeigen, Imageanzeigen, Plakatmotive sowie Give-Aways entwickelt, sodass sie bei Kampagnenstart umgehend eingesetzt werden konnten.

4.3.2 Roll-out

Am 13. Juni 2017 fand schließlich das interne und externe Roll-out statt. Der Termin wurde bewusst auf den Tag des Frankfurter J. P. Morgan-Laufs mit insgesamt 70.000 Läufern gelegt. Schließlich bot er den perfekten Rahmen, um die neue Arbeitgebermarke auf Laufshirts, bedruckten Wasserflaschen, Bannern und mittels Edgar-Cards zu bewerben.

Doch bevor der externe Startschuss fiel, wurden die Mitarbeiter informiert. Mitglieder des Projekt-Teams besuchten die unterschiedlichen Stationen und Bereiche der beiden Krankenhäuser, verteilten für diesen Tag erstellte Buttons und Edgar-Cards und informierten die Kolleginnen und Kollegen persönlich. Kurz zuvor war die neue Arbeitgebermarke inklusive Kampagne den Chefärzten, Stationsleitungen und Abteilungsleitern vorgestellt worden, sodass diese sie in ihre Teams tragen konnten.

Flankiert wurde die interne Kommunikation durch eine Sonderausgabe des Mitarbeiter-Newsletters »Angestiftet«. Darin informierte das Projekt-Team kurz, prägnant und bildreich über die Entstehung von »annersder« – von der ersten Analyse über die Konzeption bis hin zur Umsetzung.

Kernpunkt der externen Kommunikation war und ist, wie bereits erwähnt, die Microsite *www.annersder.com*. Sie ging am gleichen Tag online und läutete den Kampagnen-Start ein. Durch google-Adwords, in Gaststätten Frankfurts verteilte Edgar-Cards, auf facebook und über die Pressearbeit wurde der Launch von »Es geht auch annersder!« zusätzlich zum J. P. Morgan-Lauf beworben. Erste Stellenanzeigen im neuen Design wurden geschaltet.

Später fand sich »Es geht auch annersder!« in Frankfurter Bussen und auf Plakatwänden. Schritt für Schritt wurde die Kampagne auf weitere personalmarketingrelevante Bereiche, wie Jobmessen oder Betriebssport-Veranstaltungen übertragen.

4.4 Das erste Fazit

»annersder« hat sich mittlerweile als prägnantes Identifikationsmerkmal des Bürgerhospitals Frankfurt und des Clementine Kinderhospitals als Arbeitgeber etabliert und wird konsequent in die Kommunikation eingebunden.

Dass »Es geht auch annersder!« angekommen ist, zeigt sich nicht zuletzt in den Bewerbungsverfahren. Viele potenzielle Mitarbeiter nehmen in Bewerbungsschreiben und -gesprächen direkten Bezug auf die starke Marke. Welchen Eindruck sie hinterlässt, zeigt sich unter anderem auch darin, dass ganze Bewerbungen auf Hessisch eingereicht werden. Auch intern wird die Kampagne gut angenommen. »annersder« ist ein oft zitierter Begriff mit Wiedererkennungswert geworden.

Nicht zuletzt überzeugt die Kampagne auch die Expertenwelt. Im September 2017 belegte sie beim Deutschen Personalwirtschaftspreis den dritten Platz in der Kategorie Recruiting. Platz eins ging an die Deutsche Bahn mit ihrer Kampagne »Willkommen, du passt zu uns.«

4.5 Die Fortschreibung

Schluss ist noch lange nicht. Der Schlüsselbegriff »annersder« birgt eine große Flexibilität und viel Ideen-Potenzial. Die Kampagne kann wie ein Baukastensystem neugestaltet und ausgebaut werden. Ein Stillstand wird hierdurch vermieden. Arbeitgebermarke und Personalmarketingkampagne können an sich verändernde Zielgruppenbedürfnisse angepasst werden, da »annersder« wandelbar und zeitgleich nachhaltig ist.

5 Best Practices: Innovative Employer Branding Ideen

Yvonne Aulerich, Carina Heye

Wirkung erzielt Employer Branding vor allem dann, wenn es strategisch orientiert und passgenau für die jeweilige Einrichtung entwickelt wird. Nur so kann Employer Branding authentisch sein und tatsächlich Aufmerksamkeit gewinnen.

Die Employer Branding Maßnahmen können unterschiedliche strategische Zielsetzungen fokussieren, dabei zeigen sich auch ganz unterschiedliche Ausdrucksformen und es können im kreativen Kommunikationsprozess eine Vielzahl von Kommunikationsinstrumente eingesetzt werden. Der Kreativität und der Vielfalt der Ideen sind dabei keine Grenzen gesetzt. Genau diese Aspekte zeigen die praktischen Employer Branding Maßnahmen, die hier vorgestellt werden.

Um der Vielfalt und der Individualität der vorgestellten Maßnahmen den passenden Ausdruck zu verleihen, wurde bewusst auf die Interviewform gesetzt. Durch die Interviews, die wir führen durften, werden kurze, aber ebenso intensive Einblicke in die Employer Branding Arbeit der einzelnen Einrichtungen möglich. Die Aussagen derjenigen, die die Verantwortung für den Prozess tragen, gewinnen an Direktheit. Das gibt Anregungen und Impulse für eigene Employer Branding Aktivitäten.

Die Auswahl der guten Beispiele ist nicht leichtgefallen. Es gibt inzwischen doch einige Kliniken, die daran arbeiten sich als Arbeitgeber wirklich sichtbar zu machen.

Die Beispiele, die hier gezeigt sind, zeichnen sich aber dadurch aus, dass sie allesamt außergewöhnlich und erfolgreich sind, viel Aufmerksamkeit gewinnen konnten, ganz unterschiedliche Aspekte ansprechen und auf differenzierte Instrumente setzen: die emotionale Ansprache, die zielgruppenspezifische Ansprache, die innovative Technik, oder den Einsatz ganz einfacher und nahelegender Elemente, die den Unterschied ausgemacht haben.

Vor allem aber zeichnet die Beispiele aus, dass sie echt sind.

5.1 Universitätsklinikum Heidelberg: Pflegekampagne »Du wirst wachsen. Vielfalt Pflege. Seit 1561.«

Die Fragen beantworteten Doris Rübsam-Brodkorb und Angelika Mikus

Universitätsklinikum (UKHD) und Medizinische Fakultät Heidelberg (MFHD): Krankenversorgung, Forschung und Lehre von internationalem Rang

Das Universitätsklinikum Heidelberg gehört zu den größten und renommiertesten Zentren in Deutschland; die Medizinische Fakultät der Universität Heidelberg zählt zu den bedeutendsten Forschungseinrichtungen in Europa.

Klinikum und Fakultät beschäftigen rund 13.000 Mitarbeiter*innen und engagieren sich in Ausbildung und Qualifizierung. In mehr als 50 klinischen Fachabteilungen mit fast 2.000 Betten werden jährlich rund 65.000 Patient*innen vollstationär, 56.000 mal Patient*innen teilstationär und mehr als 1.000.000 mal Patient*innen ambulant behandelt.

Mit einem Team aus 126 Nationen und mehr als 300 Berufen zählt das UKHD nicht nur zu den wichtigsten Arbeitgebern der Stadt, sondern auch zu den größten in Baden-Württemberg.

Seinen Mitarbeiter*innen bietet UKHD als Klinikum der Maximalversorgung mit rund 50 klinischen Fachabteilungen ein äußerst vielfältiges Aufgabenspektrum und spannende Entwicklungsmöglichkeiten im Umfeld der internationalen Spitzenmedizin – eine thematisch reizvolle Vorlage für die Personalkampagne der Pflege »Du wirst wachsen. Vielfalt Pflege. Seit 1561«.
www.ukhd.de

Wie viele Mitarbeiter sind für das Employer Branding bzw. Employer-Kampagnen zuständig? Und aus welchen Unternehmensbereichen?
Aktuell ist in der Unternehmenskommunikation eine Mitarbeiterin für die Kampagne »Du-wirst-wachsen« zuständig. Sie verantwortet das Branding, die Umsetzung der Maßnahmen, die Generierung des Contents, die Dokumentation, die Kontrolle der Maßnahmeneffektivität und die Weiterentwicklung der Kampagne.

Das Employer Branding findet in enger Abstimmung mit der Pflegedirektion und in Zusammenarbeit mit der Personalabteilung statt, um die zunehmend digitalisierte Personalgewinnung zu unterstützen. Der Pflegedirektor hat die Kampagne beauftragt, sie ist Teil der Gesamtstrategie »Heidelberger Expertise in der Pflege«.

Da die Unternehmenskommunikation crossmedial aufgestellt ist, können Kolleg*innen aus den Bereichen Presse, Foto, Grafik und Online bei der Maßnahmenumsetzung zuarbeiten. Temporär unterstützen auch Kolleg*innen aus der Pflege die Kampagne und die Social Media-Arbeit.

Inhaltliche und strategische, konzeptionelle Entwicklungen werden durch die Unternehmenskommunikation in Kooperation mit anderen Geschäftsbereichen im Haus, beispielsweise der Stabstelle Pflegedirektion, der Personalabteilung oder der Akademie für Gesundheitsberufe (AfG) Heidelberg, vorgenommen.

Wie beschreiben Sie die Kampagne »Du wirst wachsen«?
»Du wirst wachsen« ist die erste Mitarbeitergewinnungskampagne des Heidelberger Universitätsklinikums und richtet sich primär an Pflegefachkräfte mit erster Berufserfahrung. Die Idee für die Kampagne hat die Unternehmenskommunikation des Universitätsklinikums Heidelberg gemeinsam mit der Agentur Callies und Schewe im Jahr 2016 entwickelt. »Go-Live« war im Februar 2017 unter dem Kampagnenslogan »Du wirst wachsen. *Vielfalt Pflege. Seit 1561.*«.

Die Kampagne zeigt die Vielfalt des Aufgabenspektrums der Pflege und die Chancen der Weiterentwicklung für jeden Einzelnen an unserem Haus: Fünf Mitarbeiter*innen geben der Kampagne mit ihren Bildern, Zitaten und Geschichten eine persönliche Note und sind Gesichter der Kampagne.

Prägendes Design-Element ist das Double-Exposure-Verfahren: In Ganzkörpermotive wurden Szenen und Motive aus dem Berufsalltag der Pflege integriert und ähnlich einer Kollage zusammengesetzt. Diese bildhafte Personalisierung, kombiniert mit der »Du-Ansprache« in den Texten, ermöglicht einen direkteren Kontakt zum Betrachter und eine emotionale Sprachwelt.

Die Kampagne wurde crossmedial über alle Kommunikationskanäle hinweg aufgesetzt und zunächst für zwei Jahre konzipiert.

Welche Kommunikationsmittel haben Sie für Ihre Arbeitgebermarke und für die Kampagne eingesetzt?
Die Arbeitgebermarke Universitätsklinikum Heidelberg (UKHD) wird durch alle internen und externen Kommunikationsmaßnahmen geprägt. Verstärkt richtet UKHD seine Kommunikation crossmedial, mit ganzheitlichem, themenorientiertem Ansatz aus. Als Vehikel dient hierbei Storytelling: Wir transportieren durch reale, leicht verständliche Geschichten unseres Campus die menschlichen, medizinischen und wissenschaftlichen Leistungen des Universitätsklinikums.

Unsere Zielgruppe erreichen wir über folgende Kanäle:

1. Pressearbeit
2. Printmedien
3. Anzeigen
4. Online-Kanäle (Websites, Instagram, Facebook, Twitter, YouTube) sowie diverse Job-Portale
5. Events (▶ Abb. 5.1 und ▶ Abb. 5.2)
6. Direktkommunikation und Empfehlungsmarketing

Abb. 5.1: Für den perfekten Auftritt erhalten die Mitarbeiter*innen, die für die Pflege-kampagne im Einsatz sind, T-Shirts und Hoddies mit dem Kampagnen-Claim »Du wirst wachsen«.

Abb. 5.2: Nachhaltig, da hochwertig: Der »Cotton Gymsac« mit Kampagnen-Claim und UKHD-Logo ist funktionell wie schön. Er wird als »Give away« bei Messen und Veranstaltungen sowie intern als »Goody« für Mitarbeiter*innen verwendet.

Der anfängliche Kampagnenschwerpunkt lag auf klassischen, konservativen Maß-nahmen, ergänzt um Online (Landingpage und Facebook). Die Maßnahmen um-fassten ebenso die Pressearbeit, den Ausbau der Landingpage, Videos, Printpro-dukte (Flyer und Aufkleber), Banner, Werbung im ÖPNV, elektronische Stelen, Zeitungsanzeigen und Merchandising. Im Laufe der Kampagne verlagerten sich die Aktivitäten zunehmend in den digitalen Bereich und die sozialen Netzwerke.

Welche Kommunikationsmaßnahme finden Sie bei »Du wirst wachsen« am span-
nendsten? Wie haben Sie es organisiert und umgesetzt?

1. Die Nachfrage nach klassischen Werbemitteln, beispielsweise Aufklebern und
   Flyern oder Rucksäcken ist seit Beginn der Kampagne überraschend hoch
   und erfreut sich insbesondere bei den Mitarbeiter*innen großer Beliebtheit.
   (▶ Abb. 5.7).
2. Für eine hohe Identifikation sorgen auch die zwei klinikeigenen Transporter,
   die mit Kampagnenmotiven großflächig bedruckt wurden. Mit einer jährlichen Laufleistung von mehr als 20.000 Kilometer sind die LKW somit auch
   täglich als erfolgreiche mobile Werbeträger für das Klinikum in der Region
   unterwegs. (▶ Abb. 5.5).
3. Ein Highlight unserer Kampagne ist unsere digitale Roadshow, die wir zwei
   Jahre nach Kampagnenstart im Rahmen des Mitarbeitergewinnungsprojektes
   »Triple Win« entwickelt haben und mit der wir national auf Werbetour unterwegs waren: Entwickelt wurde ein »Infocube«, ein gläsernes digitales Display,
   das in einen Informationsstand integriert ist. Für das Display wurde eigens ein
   Video produziert, das choreografierte Video- und 3D-Elemente enthält. Zusätzlich werden mittels einer »Mixed-Reality«-Brille (▶ Abb. 5.3) faszinierende
   Einblicke in die Arbeitswelt am Universitätsklinikum Heidelberg ermöglicht.
   Eine mehrsprachige Informationsbroschüre liefert begleitend interessante Informationen und Grafiken zum Neubau Chirurgie und zum Universitätsklinikum Heidelberg als Arbeitgeber.
   Seit September 2018 wurde diese digitale Roadshow sehr erfolgreich im In-
   und Ausland sowie auf Berufsmessen und im Haus präsentiert. Im Dezember
   2018 reisten wir mit dem »Infocube« nach Belgrad und Sarajevo, um das Führen von Vorstellungsgesprächen zu unterstützen und die Roadshow in den
   großen Einkaufszentren zu präsentieren. Mit im Gepäck waren auch Broschü-
   ren und Werbemittel der Heidelberg Marketing GmbH (▶ Abb. 5.4).
   Die erfolgreiche Bilanz der einwöchigen Balkan-Reise: 40 neue Kolleg*innen
   für die Pflege sowie zahlreiche unvergessliche Eindrücke. Entstanden ist auch
   ein Film, den man sich auf dem YouTube-Kanal des Universitätsklinikums anschauen kann.

Abb. 5.3: Der digitale »Infocube«, der virtuelle Einblicke in das Universitätsklinikum Heidelberg ermöglicht, unterstützt die Suche nach neuen Mitarbeiter*innen in der Pflege. Eine Mixed- und eine Virtual-Reality-Brille liefern faszinierende Bilder vom medizinischen Campus und der Arbeitswelt am UKHD.

Abb. 5.4: 2018 und 2019 war der digitale Informationsstand auf vielen Messen und Veranstaltungen im Einsatz. Im Rahmen einer internationalen Roadshow reiste der »Infocube« sogar zur Mitarbeitergewinnung nach Serbien und Bosnien-Herzegowina. Die Roadshow kann auf den Social-Media-Kanälen des UKHD verfolgt werden.

Abb. 5.5: Werbung auf den klinikeigenen LKW mit Fotos im auffälligen Double-Exposure-Verfahren. Mit einer durchschnittlichen Laufzeit von ca. 20.000 km pro Jahr sind zwei Transporter ideale Werbeträger für die Pflegekampagne.

Abb. 5.6: Die Fahnen mit den Motiven und Claims der Pflegekampagnen sorgen für Sichtbarkeit auf dem medizinischen Campus Heidelberg.

Wie sind Sie bei der Konzeption und Planung der Kampagne »Du wirst wachsen« vorgegangen?

Die Pflegedirektion und die Pflegeleitungen waren von Anfang an in die Strategiefindung mit eingebunden. Oberste Priorität bei der Entwicklung der Kampagnenidee und -planung hatte die Einbeziehung der Pflege-Mitarbeiter*innen am UKHD. Sie sollten sich mit der Kampagne identifizieren und diese als wertschätzend empfinden. Unser Ansatz ging sogar noch weiter: Die Beschäftigten sollten »Startpunkt« sein und die Kampagnen-Botschaft nach und nach viral in die Welt tragen. Insofern sind wir regional gestartet und haben die Kampagne während ihrer Laufzeit national und international ausgeweitet.

Statt Models wurden Kolleg*innen aus der Pflege als »Key Visual« platziert. Dieser strategische Schritt hat wesentlich zur Glaubwürdigkeit der Kampagne beigetragen und ist sowohl intern als auch extern sehr positiv wahrgenommen worden.

Der Kampagnen-Slogan *»Du wirst wachsen. Vielfalt Pflege. Seit 1561.«* und die Motive der Kampagne wurden bewusst gewählt, um die beruflichen Entwicklungsmöglichkeiten in der Pflege am Universitätsklinikum Heidelberg zu symbolisieren.

Abb. 5.7: Aufkleber für Autos und Roller als Direktwerbemaßnahme wurden von den Mitarbeiter*innen stark nachgefragt.

Hat Ihre Employer Branding-Kampagne intern und extern etwas bewirkt?

Definitiv. Intern hat die Kampagne zu einem besseren Dialog zwischen den unterschiedlichen Berufsgruppen und der Pflege geführt. Durch die Gespräche und Maßnahmen bekamen die Mitarbeiter*innen, wie bereits erwähnt, die Chance, partizipieren zu können. Die Kampagne hat mit dazu beigetragen, ein neues Zusammengehörigkeitsgefühl und Wertschätzung für Pflegeberufe zu entwickeln.

Wir erhielten die Resonanz, dass man es sehr positiv aufnimmt, auch »zu sehen«, wie um Fachkräfte geworben wird. Extern hat die Kampagne zu mehr Aufmerksamkeit für die Vielfältigkeit des Berufs der Pflege, aber auch zu einem Zuwachs an Bewerbungen geführt. Pflegethemen haben einen größeren Raum in der internen und externen Kommunikation erhalten und den Beruf auch greifbarer gemacht.

Abb. 5.8: Klassischer Werbeträger: Mehrseitige Flyer enthalten wichtige Informationen und Kontaktdaten für potenzielle Bewerber*innen und können auch für Imagezwecke eingesetzt werden.

Würden Sie aus heutiger Sicht etwas anders/anderes machen (lessons learned)?
Es gibt rückblickend wenig, was wir anders machen würden. Das bedeutet aber nicht, dass wir aus der bisherigen Kampagne nichts gelernt hätten. Ganz im Gegenteil:

Da am UKHD erstmalig eine Personalgewinnungskampagne durchgeführt wurde, mussten wir uns auch eine Lernkurve zugestehen. Während der Planung der Kampagne haben wir ein paar Problematiken auf uns zukommen sehen, die sich in der aktiven Phase auch bestätigt haben: Die Auswahl der Mitarbeiter*innen war ein strategisch sehr wichtiger Aspekt, allerdings auch nicht unproblematisch – verlässt ein Mitarbeiter das Haus, fällt er als Kampagnen-Botschafter aus. Zudem war die Motivwelt aufgrund der Komplexität (Double-Exposure-Verfahren) eine besondere technische Herausforderung.

Auch merken wir immer wieder, dass der Ressourcenaufwand für die Kampagne nicht zu unterschätzen ist und die Kampagne auch langfristig weiterentwickelt werden muss.

Planen Sie weitere Elemente?
Die moderne Kommunikationswelt bietet noch viele Möglichkeiten der Werbung und der Akquisition. Da sich die Kampagne, getreu dem eigenen Slogan »Du wirst wachsen«, mit der Zeit weiterentwickeln soll, fiebern wir der Zukunft mit Spannung entgegen. Die Landingpage der Kampagne *www.du-wirst-wachsen.*

de und die Stories auf unserer neuen Webseite *www.ukhd.de* sollen ausgebaut werden. Daher werden wir viel Energie dafür aufwenden, dort wichtige Informationen spannend und prägnant zu platzieren.

Zudem möchten wir die Kommunikation über die Sozialen Netzwerke ausweiten, insbesondere den Instagram-Account »ukhd_heartbeat«, der sich auch als »Pflegekanal« etabliert hat. Dieser Trend soll sich in Zukunft fortsetzen bzw. durch Video- und Online-Kampagnen verstärkt werden, um die jüngeren Zielgruppen und Multiplikatoren erreichen zu können.

2020 planen wir, nach drei Jahren Laufzeit, ein Neuaufsetzen der Kampagne und freuen uns schon heute auf den konzeptionellen und gestalterischen Prozess.

Abb. 5.9: Gemeinsam stark: Die Teams, die bei Messen und Roadshows im Einsatz sind, rekrutieren sich aus allen Bereichen des Klinikums, schwerpunktmäßig aus der Pflege und der Unternehmenskommunikation.

Landingpage Pflegekampagne: www.du-wirst-wachsen.de

Der Beitrag entstand unter Mitarbeit von Benjamin Berneaud.

5.2 Uniklinik Köln »komm-zur.uk-koeln.de«

Die Fragen beantwortete Dirk Steinmetz

Uniklinik Köln (AöR)

Als stark wachsendes Krankenhaus der Maximalversorgung mit über 1.500 Betten hat sich die Uniklinik Köln einer wissenschaftsnahen, innovativen Medizin verschrieben und übernimmt wichtige gesellschaftliche Aufgaben in Forschung, Lehre und Krankenversorgung. Neben Spitzenversorgung in der Medizin bietet die Uniklinik Köln den Bürgern der Region auch Ausbildungs-, Berufs- und Karriereperspektiven mit Zukunft. Wir stellen uns jeden Tag der besonderen sozialen Verantwortung. Mit 59 Kliniken und Instituten sowie zahlreichen weiteren Abteilungen und Einrichtungen und über 10.000 Beschäftigten gehört die Uniklinik Köln zu den größten Arbeitgebern in Köln und den führenden Universitätskliniken in Deutschland. www.uk-koeln.de

Wie viele Mitarbeiter sind für das Employer Branding federführend tätig? Und aus welchen Unternehmensbereichen?
Employer Branding ist Teil der Arbeit des Personalmarketings im engen Austausch mit der Stabsabteilung Unternehmenskommunikation und Marketing.

Arbeiten Sie aktuell an einer Arbeitgebermarke?
Alle Aktivitäten als Arbeitgeber zahlen grundsätzlich auf die Arbeitgebermarke ein. Elemente des Employer Brandings fanden in einzelnen Projekten Anwendung. Etwa in der Kampagne für die Kinderkrankenpflege. Für die Zukunft ist es geplant, die Uniklinik Köln noch klarer mit einem strategisch erarbeiteten Bild als Arbeitgeber zu positionieren.

Was erwarten Sie von einer Arbeitgebermarke?
Mit Blick auf die unterschiedlichen Definitionen verstehe ich unter Employer Branding vor allem die »intern und extern wirksame Entwicklung und Positionierung eines Unternehmens als glaubwürdiger und attraktiver Arbeitgeber« (Kriegler 2015, S. 23). Daraus lassen sich verschiedene Ziele ableiten: Steigerung der Unternehmensreputation und natürlich Mitarbeiter gewinnen und binden.

Welche Elemente in Ihrem Kommunikationsauftritt zählen Sie zu Ihrer Arbeitgebermarke dazu?
Grundsätzlich sind alle Aktivitäten für die Arbeitgebermarke relevant. Angefangen von der Stellenanzeige über die Karriereseite als Landepunkt aller Kommunikationsmaßnahmen bis hin zum Bewerbungsprozess.

Stellen Sie die Elemente bitte kurz dar.
2016 haben wir speziell für die Kinderkrankenpflege eine Kommunikationskampagne erarbeitet. Die Kampagne gewährt echte, ungeschönte Einblicke. Auf der Landingpage *komm-zur.uk-koeln.de* zeigen fünf Mitarbeiter aus der Kinderkrankenpflege der Uniklinik Köln in *360°-Videos* verschiedene Bereiche der Kinder- und Jugendmedizin, erzählen potenziellen neuen Kollegen von ihrem Job und beantworten die wichtigsten Fragen (▶ Abb. 5.10).

Abb. 5.10: komm-zur.uk-koeln.de: Mitarbeiter führen durch ihre Arbeitsbereiche mittels 360°-Videos

2017 haben wir die *Karriereseite* der Uniklinik Köln grundlegend überarbeitet. (www.uk-koeln.de/karriere/) Auf den neu gestalteten Seiten stehen umfangreiche Informationen bereit (► Abb. 5.11).

Abb. 5.11: Die Karriereseite wurde neu gestaltet, zentrales Element sind die Berufsprofile, auch hier bieten kurze Videos tiefe Einblicke. (www.uk-koeln.de/karriere/)

Die neue Rubrik Berufsprofile ist dabei ein zentrales Element. Hier erfahren Interessierte, welche Möglichkeiten und Herausforderungen die Arbeit in den unterschiedlichen Berufsfeldern bietet. Kurze Videos geben einen tieferen Einblick in die tägliche Arbeit von Ärzten, Wissenschaftlern und Pflegenden und ermöglichen auch einen kleinen privaten Blick auf die Menschen, die täglich gemeinsam ihr Bestes geben.

Ein weiteres wichtiges Standbein ist die Präsenz auf *Ausbildungsmessen und Fachkongressen*. Wir bringen unsere Angebote direkt zu den Kandidaten. Schülerinnen und Schüler überzeugen wir durch Mitmach-Aktionen zum Anfassen, die von Auszubildenden und Beschäftigten präsentiert werden. Auf Kongressen setzen wir auf die Expertise unserer Kolleginnen und Kollegen.

Welches dieser Elemente gefällt Ihnen am meisten? Wie haben Sie es organisiert und umgesetzt? Wie sind Sie vorgegangen?
Die Karriereseite ist grundsätzlich die zentrale Anlaufstelle in der Bewerberkommunikation. Die neuen Inhalte ermöglichen es uns in Zukunft noch besser, alle Aktivitäten im Personalmarketing auf diese Seite zu lenken.

Grundlage für die Entwicklung einer Kommunikationsstrategie in der Kinderkrankenpflege war eine umfassende Analyse der internen Situation, der Zielgruppen und des Wettbewerbs. Den gesamten Prozess hat uns eine Agentur begleitet. Aus Sondierungsgesprächen mit den Beschäftigten ermittelten wir die zentralen Benefits, Werte und Insights, um die Positionierung zu schärfen. Sämtliche Kontaktpunkte wurden in Bezug auf Emotionalität und Klarheit in der Kommunikation überprüft. Mithilfe von entwickelten Personas, also exemplarischen Nutzermodellen eines potentiellen Kandidaten, haben wir zielgruppenspezifische Kernbotschaften entwickelt.

Die zukünftige Ansprache sollte offen, persönlich und prägnant sein. Deshalb haben wir uns auch entschieden, die Zuschauer zu duzen. Herzstück der Kommunikation bildete eine eigens entwickelte *Microsite (komm-zur.uk-koeln.de)*, auf der sich Beschäftigte der Uniklinik Köln mit 360°-Videos präsentieren. Dieser Rundumblick beschönigt nicht, sondern zeigt echte Menschen in echter Umgebung. Für die Protagonisten war es eine besondere Herausforderung, dass sie in den Filmen in einem Take durchgesprochen haben und keinerlei Schauspiel- oder Sprechererfahrung mitbrachten. Ergänzt werden die Statements durch weitergehende Informationen, die übersichtlich auf der Seite aufbereitet sind und den Besucher zu Kontaktmöglichkeiten oder den aktuellen Stellenausschreibungen führen.

Bei der Kanal- und Mediaplanung fiel die Wahl auf ein breites Portfolio von On- und Offline-Medien, die alle mit einem konkreten Call To Action (»Jetzt bewerben!« – »Werde Teil des Teams«) auf die Landingpage führten. Eine Online-Performance-Kampagne sollte die Zielgruppen über Facebook oder Google direkt ansprechen und begleitete die Live-Schaltung der neuen Seite.

Zudem kamen die beliebten City Cards (▶ Abb. 5.12 und ▶ Abb. 5.13) in ausgewählten Städten in Nordrhein-Westfalen zum Einsatz.

Abb. 5.12: Postkartenmotiv (Vorderseite)

Nächste Station:
Kinderkrankenpflege
+ Deine Entscheidung

= Dein neuer Job

Wir suchen
Kinderkrankenpflegekräfte.
Jetzt bewerben unter
komm-zur.uk-koeln.de

Abb. 5.13: Postkartenmotiv (Rückseite)

Ergänzend dazu nutzten wir Poster und Anzeigen ganz gezielt in einer konkreten Region und reagierten damit auf aktuelle Entwicklungen (▶ Abb. 5.14).

Abb. 5.14: Kampagnenmotiv mit Call To Action

Für welche Berufsgruppen nutzen Sie Ihr Employer Branding?
Im Fokus der Bemühungen stehen insbesondere die Pflegefachpersonen. Nichtsdestotrotz haben wir uns beim Relaunch der Karriereseite bemüht die Vielfalt der Berufsgruppen und der Arbeit an der Uniklinik Köln darzustellen. Weitere Berufsprofile werden bedarfsorientiert im Detail etwa mit Videos auf der Karriereseite abgebildet.

Hat Ihr Employer Branding intern und extern etwas bewirkt? Welche konkreten Ergebnisse haben Sie?
Die Frage »Was hat das jetzt gebracht?« begleitet natürlich viele Marketingmaßnahmen. Welche konkreten Ziele kann ich definieren und vor allem sinnvoll messen? Gerade Maßnahmen zur Imagebildung werfen nicht immer harte Kennzahlen ab. Wir versuchen stetig, unsere Messungen zu verbessern. Dazu gehören natürlich die Bewerberzahlen, Einstellungszahlen aber auch Erkenntnisse aus der Webanalyse wie Besucherzahlen oder die Verweildauer auf einer Seite. So können wir zum Beispiel den Erfolg einer Kampagne messen. Ergänzend dazu versuchen wir in Gesprächen mit Kandidaten und Bewerbern herauszufinden, wie diese auf uns aufmerksam geworden sind oder wie sie bestimmte Maßnahmen wahrgenommen haben.

Die Kommunikationskampagne für die Kinderkrankenpflege bewirkte, dass wir Vakanzen gut nachbesetzen konnten. Zudem zeigte uns die Reaktion der Wettbewerber, dass unsere Maßnahmen wahrgenommen wurden. Auch bei der Fachpresse sind unsere Aktivitäten gut angekommen. Bestes Beispiel ist dieser Beitrag. Intern führte die gesteigerte Aufmerksamkeit zu einer höheren Grundzufriedenheit bei den Kolleginnen und Kollegen.

Würden Sie aus heutiger Sicht etwas anders/anderes machen (lessons learned)?
Es besser zu machen, geht immer. Wir lernen mit jeder neuen Aktion oder Kampagne, etwas dazu. Welcher Kanal-Mix ist der erfolgversprechendste? Wann ist der beste Zeitpunkt, um meine Zielgruppe zu erreichen? Ist der Zeitplan realistisch? Konkret würde ich zum Beispiel raten, bei der Budgetplanung ein ausreichendes Mediabudget einzuplanen. Etwa wenn die Kampagne »Out-of-home«, also etwa auf Plakaten oder im öffentlichen Nahverkehr, ausgespielt werden soll. Hier gilt es natürlich zu entscheiden, ob man eher mit der Gießkanne eine breite Masse oder ganz gezielt an neuralgischen Punkten die Zielgruppe erreichen möchte.

Was mir immer wieder auffällt ist, dass aufwändige Kampagnen keinen richtigen Online-Landepunkt haben. Eine Webseite muss heute responsiv sein und sich mobilen Endgeräten gut anpassen. Zu beobachten ist auch, dass extra eine neue Kampagnenseite entwickelt wurde, die aber nirgendwo sonst im Hauptauftritt zu finden ist. Hier gehen zusätzliche Besucher verloren. Dazu passend die Fragen: Wissen Sie eigentlich, wie gut Ihre Seite in den Suchmaschinen rankt? Nehmen Sie durch SEO-Maßnahmen aktiv Einfluss darauf? (Search Engine Optimization-Suchmaschinenoptimierung) Wenn nicht, fangen Sie damit an!

Literatur

Kriegler, W. R. (2015): Praxishandbuch Employer Branding. 2. Auf. Freiburg: Haufe-Lexware Verlag.

5.3 Klinikum Bielefeld gem. GmbH: #teildesganzen und #alltagshelden

Die Fragen beantwortete Axel Dittmar

Klinikum Bielefeld gem. GmbH

Das Klinikum Bielefeld hat drei Standorte: das Klinikum Bielefeld Mitte, das Klinikum Bielefeld Rosenhöhe sowie das Klinikum Halle/Westfalen. Über 2.600 qualifizierte Mitarbeiterinnen und Mitarbeiter arbeiten an 365 Tagen pro Jahr und 24 Stunden am Tag für die Versorgung der Patienten. Pro Jahr werden in den Fachkliniken und Instituten des Klinikums mehr als 50.000 stationäre und über 90.000 ambulante Patienten behandelt. Insgesamt verfügt das Klinikum über mehr als 1.100 Betten. Das Klinikum Bielefeld ist einer der größten Arbeitgeber in der Region Ostwestfalen-Lippe. Das Klinikum versteht sich als Partner für die Gesundheit der Menschen in der Region. Medizin auf dem aktuellen Stand und eine Behandlung auf menschlicher Ebene sind wesentliche Merkmale eines Aufenthaltes im Klinikum. Durch diesen Qualitätsanspruch entstand der Unternehmensleitspruch: »Unsere Kompetenz für Ihre Gesundheit« www.klinikumbielefeld.de/.

Wie viele Mitarbeiter sind für das Employer Branding federführend tätig? Und aus welchen Unternehmensbereichen?
Der Wettbewerb um qualifiziertes Personal ist eine gewaltige Herausforderung in den Gesundheitsberufen. Ein Employer Branding signalisiert Jobsuchenden, wofür ein Unternehmen steht und warum es sich lohnt, sich dort zu bewerben. Aus diesem Grund arbeiten Mitarbeiterinnen und Mitarbeiter aus unterschiedlichen Unternehmensbereichen am Konzept mit (u. a. Pflege, Medizin, Dienstleistungsgesellschaft). Federführend im Prozess ist die Unternehmenskommunikation.

Arbeiten Sie aktuell an dem Aufbau einer Arbeitgebermarke?
Als einer der großen Arbeitgeber in der Region stellen wir die großen Chancen und vielfältigen Möglichkeiten des Klinikums Bielefeld in den Mittelpunkt unserer Marke. Als authentisches und bodenständiges Unternehmen der Region versuchen wir zu überzeugen und nicht zu übertreiben. Von zentraler Bedeutung in unserer Kommunikationsstrategie ist der Paradigmenwechsel, nicht mehr das Unternehmen an sich, sondern die Bewerberinnen und Bewerber sowie die Mitarbeiterinnen und Mitarbeiter in den Mittelpunkt zu stellen. Essentiell ist dabei die Vermittlung von Glaubwürdigkeit und die Unterscheidbarkeit von anderen Arbeitgebern aus der Gesundheitsbranche in unserer Region. Arbeitsplatzsicherheit, Kultur, die Vereinbarkeit von Beruf und Familie und Weiterbildungsmöglichkeiten sind Elemente der Arbeitgebermarke, die über den Zeitgeist hinaus Bestand haben sollen.

Was erwarten Sie von einer Arbeitgebermarke?
Klare Botschaften anstatt leerer Phrasen bieten potentiellen Bewerbern eine Orientierungsmöglichkeit für ihre Entscheidung. Sie vermittelt die unternehmensspezifischen Werteversprechen und signalisiert, auf welche Weise das Unternehmen agiert. Eine attraktive Arbeitgebermarke stärkt den Bekanntheitsgrad des Unternehmens und erhöht die Chance auf ein gesteigertes Bewerberaufkommen. Das Arbeitgeberimage hat einen wichtigen Einfluss darauf, ob sich Kandidaten für oder gegen eine Bewerbung im Unternehmen entscheiden. Eine geschönte, unrealistische Darstellung des eigenen Images kann jedoch kontraproduktiv wirken, sodass Bewerber falsche Erwartungen entwickeln und sich ggf. eher Kandidaten bewerben, die nicht in das Unternehmen passen.

Welche Elemente in Ihrem Kommunikationsauftritt zählen Sie zu Ihrer Arbeitgeber-marke dazu?
Wesentliche Elemente in unserem neuen Kommunikationsauftritt sind die Slo-gans *#teildesganzen und #alltagshelden* mit denen wir in den Sozialen Netzwerken arbeiten. In den Begriffen steckt die Philosophie des Projektes. Im Mittelpunkt der Kampagne stehen unsere Mitarbeiterinnen und Mitarbeiter und diejenigen, die es werden sollen. Diese Elemente tauchen in allen entwickelten Medien zur Kampagne wieder auf. So zum Beispiel in Videos, die für Social Media Auftritte produziert wurden. Wir mussten neue Wege gehen. Das hat das Klinikum Biele-feld erkannt. Wir produzieren mit Unterstützung einer Tochter der Neuen West-fälischen, NOW-Medien, Videos, in denen wir in offener, ehrlicher und besonde-rer Art Bewerber von den Vorzügen des Klinikums überzeugen wollen.

Stellen Sie die Elemente bitte kurz vor.
#teildesganzen und *#alltagshelden* sind die neuen Slogans der aktuellen Kampagne des Klinikums Bielefeld um Mitarbeiterinnen und Mitarbeiter für unser Klini-kum zu gewinnen. Die Stars dieser Kampagne sind die Mitarbeiterinnen und Mitarbeiter des Klinikums. Die Stellenanzeigen wurden neu konzipiert und jede neue Stellenanzeige wird mit einem »Model« aus dem Klinikums bebildert.

Abb. 5.15: Die Stellenanzeigen wurden neu konzipiert und zeigen Mitarbeiterinnen und Mitarbeiter aus dem Klinikum. Auch die Karriereseite im Webauftritt des Kli-nikums wurde entsprechend umgestaltet.

Abb. 5.16: Stellenanzeigen mal ganz anders, nicht im Stellenmarkt, sondern als auffälli-
ge und ganzseitige Anzeigen in Fachmagazinen.

Mitarbeiterinnen und Mitarbeiter aus allen Bereichen und allen Standorten des
Klinikums haben sich bereit erklärt, bei der Kampagne mitzuwirken. Dies zeigt
die hohe Identifikation mit dem Arbeitgeber.

Abb. 5.17: Die Stars der Kampagne sind die Mitarbeiterinnen und Mitarbeiter des Klinikums, sie stehen im Mittelpunkt.

Abb. 5.18: Die Stars der Kampagne sind die Mitarbeiterinnen und Mitarbeiter des Klinikums, sie stehen im Mittelpunkt.

Abb. 5.19: Wichtig für die Kampagne war es, die unterschiedlichen Bereiche des Klinikums zu zeigen. Dabei ging es auch darum allen Bereichen und Berfusgruppen die angemessene Wertschätzung entgegenzubringen.

Mit der Neukonzeption der Stellenanzeigen ging auch eine Weiterentwicklung der Karriereseite im Webauftritt des Klinikums einher.

Zentrales Element der Kampagne *#teildesganzen* ist ein Puzzleteil, das sich durch alle Bereiche der Kampagne zieht und in den unterschiedlichsten Varianten eine Rolle spielt: als Floorwalk Bodenaufkleber beim Guerillamarketing in frequentierten Wartezonen der regionalen U-Bahn Haltestellen, als Aufsteller bei Veranstaltungen, als Anstecker für Mitarbeiterinnen und Mitarbeiter, als Kühlschrankmagnet, als Aufkleber für Autos, als zentrales Gestaltungselement beim neuen Messestand etc.

95

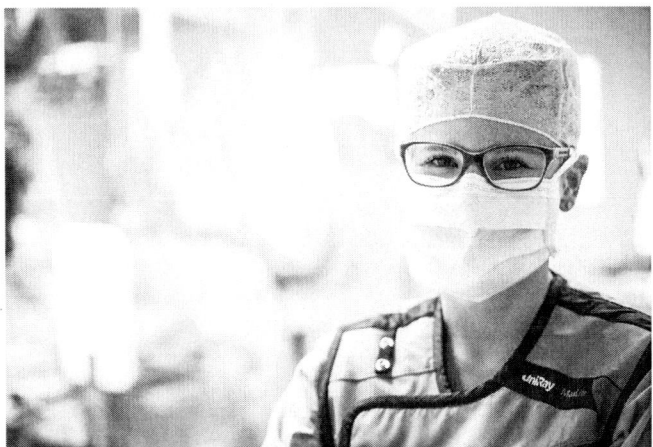

Abb. 5.20: Auch die Funktionsdienste wurden gezeigt. Die Mitarbeiter und Mitarbeiterinnen sind dabei die »Models« der Kampagne Die Mitarbeiter und Mitarbeiterinnen sind die »Models« der Kampagne.

Abb. 5.21: Wesentliche Elemente in unserem neuen Kommunikationsauftritt sind die Slogans #teildesganzen und #alltagshelden.

Abb. 5.22: Die Puzzlteile #teildesganzen und #alltagshelden kamen in ganz unterschiedlichen Kommunikationsinstruementn zum Einsatz.

Abb. 5.23: Das Puzzelteil als Gestaltugnselement spielt in allen Bereichen eine Rolle: Hier in der Außenwerbung.in frequentierten Wartezonen der regionalen U-Bahn.

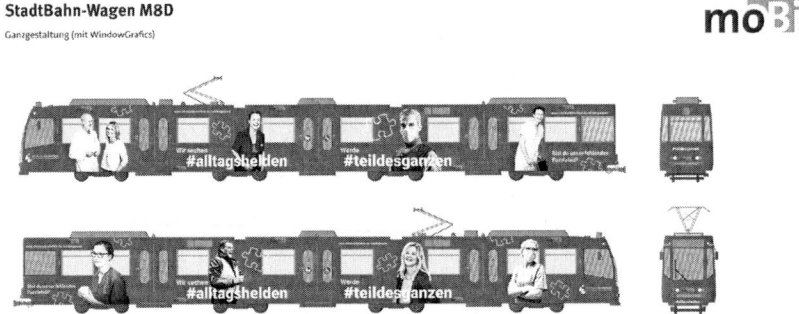

Abb. 5.24: Der zentrale Slogan ist in allen Bereichen zu finden, ebenso die Mitarbeiter als Models, hier auf der Stadt Bahn.

Bei der Kampagne *#alltagshelden* sprechen Mitarbeiterinnen und Mitarbeiter auf Instagram und Facebook darüber, was ihnen ihre Arbeit bedeutet. Oder bei einer Fotoausstellung mit Motiven der Kampagne, die an wechselnden Orten an den drei Standorten des Klinikums zu sehen ist. Alle Mitarbeiterinnen und Mitarbeiter des Klinikums Bielefeld sind *#teildesganzen* und helfen gemeinsam mit, dass die Patientinnen und Patienten eine hervorragende Versorgung erhalten. Jeder an seinem Platz.

Entwickelt haben wir die Kampagne gemeinsam mit der Bielefelder Agentur Screen Concept Runge, mit der wir schon viele Jahre hervorragend zusammenarbeiten.

Welches dieser Elemente gefällt Ihnen am meisten? Wie haben Sie es organisiert und umgesetzt?

Mein Favorit ist der Slogan *#teildesganzen* in Kombination mit dem Puzzleteil in all seinen Varianten. Ein Krankenhaus wird von ganz unterschiedlichen Berufsgruppen getragen. An Mediziner und Pflegekräfte denkt man sofort, aber auch die Küche, die Transportdienste, die Bettenzentrale, die Putzkräfte, die technische Abteilung, etc. sind wesentliche Stützen des Klinikbetriebes. Oft sind bestimmte Bereiche versteckte *#alltagshelden*, ohne die es nicht wirklich rund laufen würde. Allen Berufsgruppen angemessene Wertschätzung entgegenzubringen, sie in den Mittelpunkt der Kampagne zu stellen, ist unser Ziel gewesen. Das ist unsere Hauptbotschaft im Employer Branding: Die Mitarbeiterinnen und Mitarbeiter des Klinikums Bielefeld sind unser wertvollstes Gut. Dies ist nicht nur ein Lippenbekenntnis, es ist unsere authentische Position.

Für welche Berufsgruppen nutzen Sie Ihr Employer Branding?

Der War for Talents hat sich zu einem Tsunami entwickelt und hat natürlich längst auch die Gesundheitsbranche in unserer Region erreicht. Der demografische Wandel tut ein Weiteres. Die Babyboomer gehen jetzt nach und nach in den Ruhestand. Das ist die Ausgangslage für unsere Kampagne. Zwar sind die

Stellen im Klinikum noch gut besetzt, aber man bemerkt den Druck und die veränderte Situation auf dem Arbeitsmarkt. Das Klinikum Bielefeld konkurriert im Bereich der Pflegekräfte mit den regionalen Wettbewerbern. So versuchen wir mit unserer Kampagne im Pflegebereich besonders junge Kräfte anzusprechen. Dies tun wir mit einer auffälligen Bildsprache. Ein Fotomotiv zeigt eine junge Pflegerin des Klinikums mit Nasenpiercing. Die Botschaft des Motivs: das Klinikum liegt zwar in Ostwestfalen-Lippe, aber hier sind die jungen Leute genauso wie in den Metropolen Berlin, Hamburg oder dem Ruhrgebiet und sie dürfen es sein. Ebenso frech ist das YouTube Video, das zwei junge Krankenpflegerinnen der internistischen Intensivstation beim Interview auf der gelben Couch zeigt. Hier wird auch ganz bewusst mit den Klischees gespielt, die den Beruf der Krankenschwester nachgesagt werden. Man muss es sich anschauen.

Abb. 5.25: Interview auf der gelben Couch: Mit frechen und provokanten Youtube Videos werden junge Pflegekräfte angesprochen. Dabei wird bewusst mit den Klischees gespielt.

Eine weitere Zielgruppe, die wir mit unserer Kampagne in den Fokus nehmen, sind Studierende und junge Assistenzärztinnen und Assistenzärzte. Hier konkurrieren wir mit Krankenhäusern in der ganzen Republik, denn die jungen Mediziner können sich ihre Einsatzorte nahezu überall aussuchen. Also spielen wir hier im YouTube Video mit den Klischees, die man Ostwestfalen als Region oder den Menschen, die hier leben, nachsagt und mit den Klischees, die es zur Ausbildungssituation von Assistenzärzten gibt.

Abb.5.26: Interview auf der gelben Couch: Auch junge Assistenzärzte werden mit You Tube Videos angsprochen. Auch hier wird mit den Klichees gespielt.

Produziert sind die Videos – weitere werden folgen – für die Sozialen Medien, denn mithilfe der Marketinginstrumente, die Facebook, Instagram, YouTube, Twitter und Co bereithalten, kann man die Zielgruppen hervorragend treffen.

Links

https://www.klinikumbielefeld.de/karriere.html
https://www.klinikumbielefeld.de/teildesganzen.html
https://www.klinikumbielefeld.de/alltagshelden.html
https://www.youtube.com/watch?v=nm0OlCNbLOo&feature=youtu.be (**Assistenz-ärzte**)
https://www.youtube.com/watch?v=pfJdg3qi7aw&feature=youtu.be (**Pflege**)

5.4 Krankenhaus Barmherzige Brüder Regensburg: »Gute Pflege macht Schule«

Die Fragen beantworteten Bianca Dotzer, Kristina Lehner und Svenja Uihlein

Krankenhaus Barmherzige Brüder Regensburg

Das Krankenhaus Barmherzige Brüder Regensburg bildet gemeinsam mit der Klinik St. Hedwig sowie dem Paul Gerhardt Haus das größte katholische Krankenhaus Deutschlands. Mit ca. 3.500 Mitarbeitern, 979 Betten, 28 Kliniken und 26 spezialisierten Zentren an zwei Standorten gehört es zu den wichtigsten Kliniken Ostbayerns und einem der größten Arbeitgeber der Region. Durchschnittlich versorgt das Haus im Jahr 49.000 stationäre Patienten. Das Krankenhaus Barmherzige Brüder ist Lehr- und Kooperationskrankenhaus der Universität Regensburg. Die Regensburger Häuser der Barmherzigen Brüder gehören einem Krankenhausverbund an, zu dem auch Krankenhäuser in München, Straubing und Schwandorf gehören.

Die zum Orden gehörigen Berufsfachschulen für Pflegeberufe besitzen eine bis zu 85-jährige Tradition. Neben der klassischen Gesundheits- und Krankenpflege sowie Kinderkrankenpflege bieten die Barmherzigen Brüder auch die Generalistische Krankenpflege, die Krankenpflegehilfe sowie die Operationstechnische Assistenz als Ausbildungsberufe an. Damit bilden die Berufsfachschulen jährlich knapp 500 Nachwuchskräfte aus. www.barmherzige-regensburg.de

Arbeiten Sie aktuell an einer Arbeitgebermarke? Was erwarten Sie von einer Arbeitgebermarke?
Im Bereich der Mitarbeitergewinnung hat sich in den letzten Jahren einiges verändert. Nicht nur den Unternehmen stehen mit den sozialen Medien vielfältige Kommunikationskanäle zur Akquise zur Verfügung. Auch die potentiellen Mitarbeiter und Auszubildenden informieren sich immer umfassender über mögliche Arbeitgeber. Eine klar definierte Arbeitgebermarke, welche authentisch die Unternehmenswerte transportiert und die Zielgruppe anspricht, ist dabei unverzichtbar. Denn der Wettkampf um junge talentierte Mitarbeiter, hat auch im Gesundheitswesen längst Einzug gehalten. Wir arbeiten daher kontinuierlich an der Umsetzung und Etablierung unserer Arbeitgebermarke. Durch diese wollen wir uns von der Konkurrenz abheben, in der Öffentlichkeit stärker positiv wahrgenommen werden und für potentielle Mitarbeiter attraktiv erscheinen. Dies soll eine dauerhaft hohe Zahl an Bewerbungen sicherstellen. Weitere Aspekte sind die Steigerung der Identifikation mit den Werten des Arbeitgebers und eine langfristige Bindung qualifizierter Mitarbeiter. Somit werden Mitarbeiter auch zu Markenbotschaftern.

101

Der Bereich der Schülergewinnung stellt dabei eine besondere Herausforderung dar. Dieser Zielgruppe stehen kurz vor dem Schulabschluss alle Wege offen und damit konkurrieren wir nicht nur mit anderen Krankenhäusern, sondern auch mit Unternehmen aus der freien Wirtschaft. Es soll gezeigt werden, dass Krankenpflege ein moderner und wertgeschätzter Beruf mit Zukunftsperspektive ist. Deshalb haben wir für die Ansprache junger Menschen, unabhängig von unserem üblichen Corporate Design, eine speziell ausgerichtete Kommunikationsstrategie konzipiert.

In den Markenkern unserer Kampagne unter dem Leitsatz »Gute Pflege macht Schule« fließen verschiedene Bestandteile ein. Mit Slogans wie »Du bist gut. Zeigs allen.« oder »Bei uns wird HERZ großgeschrieben – BarmHERZige Brüder« transportieren wir unsere Alleinstellungsmerkmale. Dazu zählen eine 85-jährige Tradition in der Pflegeausbildung und die Tätigkeit in einer lebendigen Dienstgemeinschaft, die der Tradition des Ordens. In Zusammenarbeit mit Schülern und Lehrern wurden zudem fünf Kernbotschaften identifiziert, auf die sich die Kampagne stützt: »Zukunftssicherer Job«, »Stolz sein auf sich, die Ausbildung und den Arbeitgeber«, »Echte Action, Leben retten, Herausforderungen meistern«, »Flexibilität fürs berufliche Leben« sowie »Teamgeist und Ersatzfamilie«.

Diese Ergebnisse setzen wir in einem von den üblichen Kommunikationsmitteln abweichenden Design um. Damit gelang eine passgenaue auf die Zielgruppe fokussierte Ansprache, welche die Marke »Barmherzige Brüder« bei der jungen Generation nachhaltig verankern soll.

Wie sind Sie in Bezug auf Ihre Arbeitgebermarke vorgegangen?
Die Ziele und das Vorgehen für die Kampagne haben wir in enger Zusammenarbeit mit einer Full-Service-Marketing-Agentur festgelegt. Grundstein für alle Kommunikationsmaßnahmen und damit der erste Schritt unserer Arbeit war eine detaillierte Analyse der Hauptzielgruppe. Wir führten persönliche Interviews mit verschiedenen Schülern aus unseren Berufsfachschulen in Regensburg, Schwandorf und Straubing. Gespräche mit den Schulleitungen und Lehrkräften gaben uns einen weiteren Einblick in die Ausbildung an unseren Häusern. Neben der inhaltlichen Ausrichtung der Kampagne an unsere junge Zielgruppe haben wir auch innerhalb unseres Corporate Designs (CD) eine besondere Grafik entworfen. Unter Beibehaltung wesentlicher Stilelemente sind wir bei der grafischen Gestaltung unserer analogen sowie digitalen Kommunikationskanäle ein gutes Stück von unserem traditionellen Erscheinungsbild abgerückt. Unser Layout speziell für diese Kampagne ist »authentisch und cool« und begegnet auch grafisch den jungen Menschen.

Letztendlich konnten wir auf Grundlage der Interviews fünf Leitmotive herausarbeiten, warum sich junge Menschen für eine Pflegeausbildung entscheiden. Diese bilden die Basis unseres gesamten Kommunikationsauftrittes. Beispielsweise das Motiv »Die Welt, wie sie mir gefällt« (▶ Abb. 5.27) zielt darauf ab, dass der Pflegeberuf ein sehr breites Spektrum von beruflichen Weiterentwicklungsmöglichkeiten bietet. Bei »Abenteuer echtes Leben« (▶ Abb. 5.28) haben wir herausgehört, dass die Pflegemitarbeiter die abwechslungsreiche Tätigkeit, den lebendigen Kontakt mit den Patienten und die enge Zusammenarbeit im Team schätzen. Das Leitmotiv »Eins ist sicher: Deine Zukunft« (▶ Abb. 5.29) ist keine leere Marketingfloskel. Bis 2030 wird bundesweit die Zahl der Pflegebedürftigen um 50 % ansteigen. Pflegende werden auch zukünftig nicht durch Maschinen ersetzt. Jedem Leitmotiv haben wir ein charakteristisches Bild zugeordnet. Dazu haben wir echte Pflegeschüler aus unseren Berufsfachschulen professionell fotografieren lassen und bewusst auf Kaufbilder verzichtet. Damit wollen wir die Glaubwürdigkeit unserer Botschaften untermauern.

Abb. 5.27: Das Motiv »Die Welt, wie sie mir gefällt« zielt darauf ab, dass der Pflegeberuf ein sehr breites Spektrum von beruflichen Weiterentwicklungsmöglichkeiten bietet.

Abb. 5.28: Die Postkartenmotive sind grafisch ausgefallen gestaltet und transportieren die fünf Kernbotschaften.

Abb. 5.29: Eine sichere Zukunft ist keine Marketingfloskel, sondern Realität für den Pflegeberuf.

Abb. 5.30: Die Gestaltung ist »authentisch und cool«, weicht vom eigentlichen Corporate Design ab und soll gezielt junge Menschen ansprechen.

Abb. 5.31: Die fünf Kernbotschaften wurden gemeinsam mit der Pflegeschule entwickelt, im Fokus stand die Frage, warum sich junge Menschen für den Pflegeberuf entscheiden sollten.

Neben den Kernbotschaften haben wir uns auch mit den Vorurteilen gegenüber diesem Berufsbild auseinandergesetzt. Das Ansehen des Pflegeberufs in der Bevölkerung ist ungebrochen hoch: Schon seit Jahren rangiert die Krankenpflege bei Umfragen zum Berufsprestige auf den ersten Plätzen – egal ob man bei Forsa, Allensbach oder der GfK schaut. Dieses steht jedoch in einem seltsamen Kontrast zum eher schlechten Image bei der Ausbildungssuche. Wir haben daher auf die fünf Leitmotive noch die »7 Mythen der Pflege« und die »12 Argumente für eine Pflegeausbildung« aufgesattelt. Damit wollen wir zum einen mit den falschen Vorurteilen aufräumen. Zum anderen möchten wir auf den Punkt bringen, warum es sich lohnt, eine Pflegeausbildung zu machen. Schlechte Bezahlung, immer an Weihnachten arbeiten, keine beruflichen Perspektiven – das stimmt so einfach nicht. Wenn die Schulabsolventen hören, dass ein Pflegeschüler in allen drei Ausbildungsjahren deutlich mehr Gehalt bekommt als beispielsweise ein Auszubildender im Bankwesen, dann horchen diese auf. Auch das Eintrittsgehalt lässt sich sehen und ist höher als in vielen anderen Berufen. Ich glaube, hier liegt der Knackpunkt, wo man im Ausbildungsmarketing noch viel mehr ansetzen muss. Das Gehalt beeinflusst nun mal die Berufswahl sehr stark. Wir haben daher unsere »Mythen« und »Argumente« cross-medial platziert und versuchen, sowohl die Schüler anzusprechen, die sich im Internet über den Pflegeberuf informieren, als auch diejenigen, welche beispielsweise auf Ausbildungsmessen unterwegs sind.

Abb. 5.32: Der im Stil der Kampagne gestaltete Messestand sorgt zudem für eine größere Anziehungskraft und vermehrte Standbesucher.

Welche Elemente beinhaltet Ihr Kommunikationsauftritt?
Kernstück unseres Kommunikationskonzepts ist das Webportal www.gute-pflege-macht-schule.de (▶ Abb. 5.33). Unsere Zielgruppe, die sogenannte Generation Z, ist mit dem Internet aufgewachsen und gehört zu den »Digital Natives«.

Unsere Website haben wir speziell an das Nutzverhalten Jugendlicher im Internet angepasst. Mit wenigen Klicks können dort neueste Informationen, Bewerbungstipps oder Veranstaltungshinweise abgerufen werden. Zusätzlich gibt es zahlreiche Texte, Schülerstimmen oder auch Videointerviews mit examinierten Pflegekräften, die über die verschiedenen Berufsbilder informieren. Ein Erklärvideo in Form eines Animationsfilms zeigt in 77 Sekunden einfach erklärt, welche Möglichkeiten eine Pflegeausbildung bietet. All diese unterschiedlichen Inhaltselemente bauen aufeinander auf und haben zwei zentrale Kommunikationsziele. Wir möchten unserer Zielgruppe die Vorteile einer Ausbildung im Pflegebereich näherbringen und mit den Vorurteilen aufräumen, die unsere Gesellschaft mit diesem Berufsbild verbindet. Unsere zweite Botschaft ist, dass die Barmherzigen Brüder ein sehr guter Arbeitgeber sind und für eine Ausbildung, insbesondere in der Pflege, viel Erfahrung und Fachwissen mitbringen. Neben der inhaltlichen Anpassung ist das Webportal auch technisch auf dem neuesten Stand. Dank des responsiven Webdesigns passt sich die Oberfläche des Webportals sehr gut individuell an jeden Monitor, jedes Tablet und jedes Smartphone an.

Trotz aller digitalen Möglichkeiten hat sich gezeigt, dass nach wie vor auch »etwas zum Mitnehmen« gut bei den Jugendlichen ankommt. Als Giveaways werden zum Beispiel Pillendosen gefüllt mit Traubenzucker und Medikamentenverpackungen mit Minzdragees, angepasst an das Design der Kampagne, verteilt. Ein passender Beipackzettel transportiert ergänzend zwölf Kernbotschaften für eine Pflegeausbildung.

GUTE PFLEGE MACHT SCHULE

Starte deine Ausbildung in einer unserer Pflegefachschulen

Die Zahl der Beschäftigten im Gesundheitswesen nimmt seit Jahren deutlich zu. Ein wachsender Arbeitsmarkt, der dir Sicherheit und jede Menge Entwicklungsmöglichkeiten bietet. Allein in der Gesundheits- und Krankenpflege arbeiten in Deutschland mehr als 1 Mio. Menschen – und der Bedarf wächst. Informiere dich jetzt, was dir das Krankenhaus für deine Zukunft und deine Karriere bieten kann.

JETZT INFORMIEREN!

DEINE PERSPEKTIVEN

BERUF MIT ZUKUNFT

WUSSTEST DU SCHON,

...Ende 2015 waren in Deutschland etwa 5,2 Mio. Menschen im Gesundheitswesen beschäftigt.

MEHR INTERESSANTE FAKTEN

WARUM GERADE WIR?

Du interessierst dich für eine Ausbildung in der Krankenhauspflege? Dann bist du hier genau richtig. Bei uns findest du neben großer Ausbildungsvielfalt auch eine familiäre Atmosphäre. Egal ob in Regensburg, München, Schwandorf oder Straubing. Erfahre mehr über unsere Berufsfachschulen und darüber, was wir dir für deine berufliche Zukunft bieten können. Du bist gut. Zeigs allen.

BERUFSSCHULEN IM VERBUND

Abb. 5.33: Kernstück des Kommunikationskonzepts ist das Webportal.

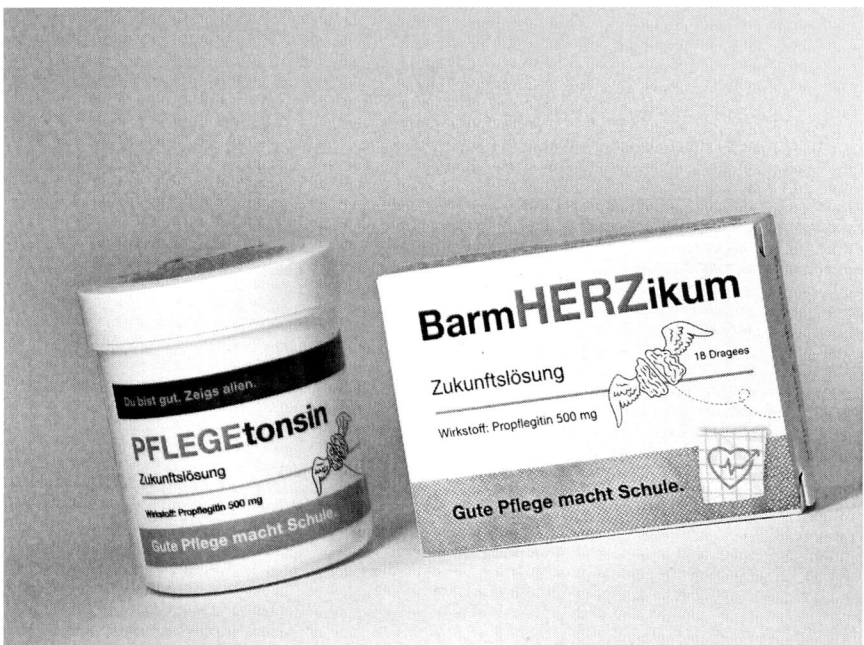

Abb. 5.34: Auch traditionelle Kommunikationswege wie Give-Aways – hier in Form von Pillendosen und Medikamentenverpackungen plus passendem Beipackzettel – transportieren die Kernbotschaften der Krankenpflegeausbildung.

Offline war es uns wichtig, die Zielgruppe dort zu treffen, wo die neuen Medien nicht so im Fokus stehen. Um sie im Verein oder bei Freizeiteinrichtungen zu erreichen, haben wir ganz klassisch Großplakate aufgehängt – so zum Beispiel in der Trendsporthalle Regensburg, wo sich die Skater und BMX-Fahrer treffen. Bei der Gestaltung der Plakate und allen weiteren analogen Kommunikationsmitteln haben wir mit den fünf Leitmotiven gearbeitet. Das 97,6 qm große Großflächenplakat an unserem Parkhaus, welches an einer sehr wichtigen Ausfallstraße Regensburgs liegt, war nicht zu übersehen.

Hat Ihr Employer Branding intern und extern etwas bewirkt?
Ein positiver interner Effekt ist die Identifikation der Schüler und Mitarbeiter mit dem Arbeitgeber. Dies zeigt sich zum Beispiel auf Jobmessen, wenn Schüler und Lehrer gemeinsam das Unternehmen als attraktiven Arbeitgeber nach außen präsentieren (▶ Abb. 5.32). Ein einheitliches T-Shirt mit einem für die Kampagne eigens kreiertem Logo und frechen, modernen Sprüchen (*Ruhig Blut – ich bin Pflegefachkraft*) stärkt zudem das Gemeinschaftsgefühl.

Der externe Erfolg der Kampagne zeigt sich in unverändert stabilen Bewerberzahlen für die Schule und in vielen positiven Rückmeldungen. Eine weitere große Bestätigung für unsere Aktivitäten war die Auszeichnung mit dem 1. Platz des Rotthaus-Awards im Bereich »Bestes Personalmarketing« im Oktober 2017.

Planen Sie weitere Elemente?

Für die Generation Z sind Internet und Social-Media der Alltag. Den Bereich Social-Media haben wir zurzeit lediglich über YouTube abgedeckt. Mit YouTube haben wir jedoch einen der wichtigsten Kanäle besetzt: 95 % aller Jugendlichen informieren sich ausschließlich über YouTube. In den Videos erzählen die Pflegekräfte selbst über ihren Arbeitsalltag als Intensivpfleger oder als Kinderkrankenschwester. Die Inhalte sind authentisch und bauen gerade dadurch eine emotionale Bindung auf.

Doch im Hinblick auf unsere besonders junge Zielgruppe planen wir als nächsten Schritt weitere Social-Media-Aktivitäten. Damit möchten wir einerseits mehr in Interaktion mit den jungen Menschen treten und auf der anderen Seite als Arbeitgebermarke »Barmherzige Brüder« auch auf diesen Kanälen präsent sein.

Weiterführende Literatur

Eschmann, S., von Loo, M. (2008): Image der Pflege – Die Realität ist besser als ihr Ruf. f&w 6: 502–505.

Jarboe, G. (2007): No Matter How You Define It, Generation Z Can't Live Without Youtube. (http://tubularinsights.com/generation-z-youtube/, Zugriff am 15.11.2018).

Mangelsdorf, M. (2015): Von Babyboomer bis Generation Z: Der richtige Umgang mit unterschiedlichen Generationen im Unternehmen. Offenbach: GABAL.

Scholz, C. (2014): Generation Z: wie sie tickt, was sie verändert und warum sie uns alle ansteckt. Weinheim: Wiley-VCH.

6 Vom Aufsetzen einer Employer Brand zur permanenten Kulturarbeit-»Teamgeist erleben«

Yvonne Aulerich

Von Arbeitgebervorteilen zum Employer Branding – die Arbeitgebermarke entwickelt sich in den Frankfurter Rotkreuz-Kliniken permanent weiter. Nachdem die ersten Grundsteine durch die Vorbereitung und Durchführung der *»Teamgeist erleben«*-Kampagne gelegt sind, bauen die Kliniken konstant ihre Arbeitgebermarke aus. Dabei geht es vor allem darum, relevante Themen zu identifizieren und aufzuarbeiten. Dass dabei unter anderem die Bedürfnisse der einzelnen Generationen von Z bis Babyboomer zu berücksichtigen sind, Unterschiede einzelner Berufsgruppen identifiziert werden müssen und Mitarbeitern die Möglichkeit gegeben werden muss, Beruf und Pflege und/oder Familie unter einen Hut zu bringen ist für die Frankfurter Rotkreuz-Kliniken eine fortwährende Herausforderung.

Aus diesem Grund wurden in den letzten Jahren in einem unternehmensweiten Organisationsentwicklungsprojekt unter dem Motto *Abenteuer Agiltität* neben dem wichtigen Thema der Digitalisierung, vor allem auch ein Projekt Strategische Personalentwicklung aufgesetzt, mit dem Ziel, Talentpfade für jede Berufsgruppe aufzubauen. Darüber hinaus wurde das Betriebliche Gesundheitsmanagement weiter etabliert. Diese Projekte stärken die Arbeitgebermarke. Jede Mitarbeiterin und jeder Mitarbeiter soll in ihrer/seiner individuellen Lebensphase so gefördert werden, wie sie/er es benötigt. Das Ziel ist, den Wünschen und Bedürfnissen der Angestellten immer einen Schritt voraus zu sein. Der Fokus auf gesellschaftliche Veränderungen ist dabei handlungsweisend. Durch den positiven Effekt, den diese interne Arbeitnehmerzufriedenheit auf das Bild hat, das durch alle Mitarbeiterinnen und Mitarbeiter nach außen weitergetragen wird, gelingt es, im Konkurrenzkampf um Fachkräfte die Vormachtstellung als zukunftsweisender, attraktiver Arbeitgeber langfristig zu etablieren. Und das für jeden einzelnen Unternehmensbereich.

6.1 Geschafft: Die Employer Brand ist sichtbar und hat Wirkung

Man hat es endlich geschafft: die Employer Brand steht. Eine externe Kampagne läuft, man hat die Karriereseite aufgemöbelt und auf Hochglanz poliert, idealerweise treffen schon die ersten Bewerbungen ein – und, siehe da, die Bewerber sind sogar qualifiziert. Endlich ist das erreicht, wofür lange konzipiert und gearbeitet wurde und man sein ganzes Herzblut reingesteckt hat.

Nun, könnte man sich natürlich entspannt zurücklehnen. Es läuft ja. Fachkräftemangel haben nur die anderen. Keine Frage: Man sollte diesen Moment auf jeden Fall in vollen Zügen genießen. Aber als Klinik sollte man sich nicht zu lange ausruhen. Kommunikation nach außen ist das eine. Aber die eigentliche Arbeit geht jetzt wieder weiter: die Arbeit an der eigenen Arbeitgebermarke.

Kommunikationskampagnen im Employer Branding sind im Grunde nur der Höhepunkt einer langen, teilweise mehrjährigen Konzeptionsarbeit. Kommunikationskampagnen sind aber immer nur ein kurzer Zeitabschnitt des Employer Branding.

Langfristig ist Mitarbeiterzufriedenheit das Ziel. Wie aber stellt man es an, dass die neuen Mitarbeiterinnen und Mitarbeiter zufrieden sind und vor allem, wie stellt man es an, dass sie zufrieden bleiben? Dass sie begeistert bei der Sache bleiben und lange im Unternehmen arbeiten?

Aus Sicht der Rekrutierung ist das Wichtigste, Talente zu finden, die zu den vakanten Positionen, aber eben vor allem auch zum Team, zum Unternehmen und somit auch zur Unternehmenskultur passen. In Kliniken wird allzu oft der beste und qualifizierteste Mitarbeiter gesucht. Viel zu wenig berücksichtigt wird bei der Suche, ob es der Mitarbeiter ist, der am besten zum Unternehmen passt, der sich im Team einbringt und der besonders engagiert ist. Man will ja nicht nur irgendeinen Mitarbeiter, um die Lücken zu füllen. Man will *das* neue Teammitglied, das gut im Unternehmen ankommt und sich freut, jeden Tag zur Arbeit zu kommen. Wenn der passende Mitarbeiter also tatsächlich gefunden ist, wie hält man ihn im Unternehmen? Wie fördert und entwickelt man solche Mitarbeiterinnen und Mitarbeiter weiter, damit sie sich entfalten und das Beste geben können? Damit sie mit Freude und Motivation an der Sache arbeiten? Damit sie vielleicht sogar schon nach ein paar Monaten ihren Freunden und Bekannten erzählen, dass der Arbeitgeberwechsel eine richtig gute Idee war.

6.2 Unsere Mitarbeiterinnen und Mitarbeiter als Botschafter

Seit der Kampagne *Teamgeist erleben* ist es uns bei der Rekrutierung und der Arbeitgebermarke gut ergangen. Wir konnten unsere Bewerbungen um ein Vielfaches steigern. Und unsere Mitarbeiterinnen und Mitarbeiter identifizieren sich mit der Kampagne. Teamgeist erlebt man auch dadurch, dass alle, die hier arbeiten, den Frankfurter Rotkreuz-Kliniken immer wieder ein Gesicht geben. Die Mitarbeiterinnen und Mitarbeiter sind tatsächlich zu Botschaftern, ja fast zu Fans der eigenen Klinik geworden Genau hier zeigt sich die Unternehmenskultur. In der Unternehmenskommunikation wird das durch den Einsatz ganz unterschiedlicher Kommunikationsinstrumente unterstützt. Neben klassischen Maßnahmen wie passende Informationsbroschüren, Presseartikel oder Vorträgen bei Fachkongressen, werden ganz gezielt auch andere Kanäle genutzt, wie zum Beispiel Social Media Kanäle oder auch interne Angebote, wie die Mitarbeiterzeitschrift oder das erst kürzlich eingeführte Social Intranet, bei dem alle Beschäftigten aufgefordert sind, mitzuwirken.

In der Mitarbeiterzeitschrift *teamPuls* kommen vor allem die Beschäftigten selbst zu Wort. Die Mitarbeiter erzählen über ihre Aufgaben in der Klinik oder darüber, dass sie an größeren Projekten mitarbeiten. Und auch wenn unternehmensstrategische Entscheidungen ebenfalls in der *teamPuls* zu finden sind, ist diese Zeitschrift auf diese Weise mehr als ein Kommunikationsmedium der Geschäftsführung.

Natürlich wird auch über die Eröffnung einer neuen Klinik informiert oder über strategische Entscheidungen, aber in der *teamPuls* stehen vor allem Geschichten im Mittelpunkt. Die Geschichten der eigenen Mitarbeiter. Gezeigt wurde beispielsweise, dass unsere Mitarbeiter auch ehrenamtlich engagiert sind. Das ist nicht nur spannend, das ist auch ein wichtiger Hinweis für die Arbeitgeberattraktivität, denn der Wunsch sich ehrenamtlichen zu engagieren, wird sehr häufig im Rekrutierungsprozess zur Sprache gebracht. In der Mitarbeiterzeitschrift zu zeigen, dass dies möglich und erwünscht ist, entfaltet Wirkung.

Die *teamPuls* macht natürlich auch die Arbeitgeberangebote sichtbar, zeigt, welche Möglichkeiten den Mitarbeitern in den Frankfurter Rotkreuz-Kliniken offenstehen. Dadurch zeigt sich auch, dass an der Ausweitung der Angebote ständig gearbeitet wird.

Und natürlich informiert die *teamPuls* auch. Im Schwerpunkt aber vor allem über Themen, die die Mitarbeiterinnen und Mitarbeiter und ihren beruflichen Alltag auch wirklich betreffen: das neue Mutterschaftsrecht, Urlaubsgrundsätze, wichtige arbeitsrechtliche Themen. Die Beschäftigten sollen fit gemacht werden, um ihre Interessen selbstbewusst zu vertreten. Offene Kommunikation und Transparenz werden großgeschrieben. Auch der Betriebsrat wird bewusst eingebunden und erhält seine eigene Rubrik.

Das alles ist interne Kommunikation und damit ein echter Beitrag zur Unternehmenskultur. Die gemeinsam festgelegten Normen und Werte, das, was im Unternehmen für wichtig erachtet wird, wird in der *teamPuls* sichtbar. Die Mitarbeiter und ihre Geschichten machen es sichtbar.

Mitarbeiter sind die besten Botschafter. Und sie sind authentische Multiplikatoren. Besonders deutlich wird dies in den externen Kommunikationsmaßnahmen. Die Teilnahme an Fotoshootings gehört für die Mitarbeiter der Frankfurter Rotkreuz-Kliniken inzwischen zum Alltag. Und die Mitarbeiter zeigen sich gerne für ihren Arbeitgeber. Dabei bringen sich alle auch bei der Motivgestaltung ein. Das ist ausdrücklich erwünscht, denn es soll ja tatsächlich der Arbeitsalltag der Kliniken festgehalten werden. Wichtig ist dabei jederzeit authentisch zu bleiben.

Einer der bedeutendsten Kanäle für diese Art der Außenkommunikation findet sich im Bereich der Sozialen Medien: Der direkte Draht, der vor allem durch einen engen Kontakt mit den Mitarbeitern entsteht, der Dialog auf Augenhöhe und die emotionale Ansprache sind am wichtigsten. Genau das gelingt durch die Einbindung der Mitarbeiter, die sich auch deshalb aktiv beteiligen. Es sind die Mitarbeiter, die uns Bilder zur Verfügung stellen, die Erlebtes erzählen, die zeigen, was sie an der Unternehmenskultur wichtig finden: Sei es das Bild von einem Teamevent oder ein selbstgebasteltes Geschenk für die Kollegin zum Geburtstag. Sie zeigen, dass sie gerne in den Kliniken arbeiten und ihr Team wertschätzen. Auch bei offizielleren Veranstaltungen wie Fortbildungen oder Besprechungen nehmen sie uns mit auf die Reise ins Unternehmen. Mitmachen und mitgestalten – darauf zielen alle Aktivitäten des Employer Branding in den Frankfurter Rotkreuz-Kliniken ab.

Dazu gehört auch kontinuierlich an der Verbesserung zu arbeiten und sich selbst als Arbeitgeber immer wieder zu hinterfragen. Im Dialog mit den Mitarbeitern sind die Handlungsfelder schnell zu identifizieren. Die Mitarbeiter bewusst dazu aufzufordern, ihre Bedürfnisse und Erwartungen offen zu formulieren, darum muss es gehen. Auch das ist immerwährende Aufgabe der Führungskräfte.

Aber nicht nur die Führungskräfte, auch die Veranwortlichen in der Rekrutierung sind hier von zentraler Bedeutung. Durch den direkten Kontakt zu den Bewerbern wird schnell deutlich, welche Erwartungen potenzielle Kandidaten an ihren neuen Arbeitgeber und ihren Arbeitsplatz stellen. Zwei Wünsche der Kandidaten stechen hier besonders hervor: Reaktion in Echtzeit im Bewerbungsverfahren und keine falschen Versprechungen z. B. auf der Karriereseite.

Bewerber möchten heute vor allem das Unternehmen kennenlernen. Und sie wollen sehen, wo sie arbeiten und wenn möglich direkt die neuen Kolleginnen und Kollegen kennenlernen. Die Kandidaten wollen sich beraten lassen, ob die Position für Sie geeignet ist und sie wollen auf Augenhöhe kommunizieren. Potenzielle Kandidaten sind keine Bittsteller mehr.

Auch deshalb wurde die Candidate Journey noch einmal angepasst. Nach dem Bewerbungsgespräch mit der Führungskraft, lernt der Kandidat das gesamte Team kennen, ohne, dass die Führungskraft daneben sitzt. Offene und ehrliche Fragen können dann gegenseitig gestellt werden. Und anschließend entscheidet das gesamte Team bei der Auswahl des Kandidaten mit. Eine solche Vorgehensweise erhöht auch die Objektivität, denn so können mehrere Meinungen im Auswahlprozess miteinbezogen werden. In unserer Unternehmensverwaltung und in unserer Pflegeschule wurden auf diese Art und Weise sehr erfolgreich neue Teammitglieder gefunden. Im Bereich der Pflege und im assistenzärztlichen Bereich wird darüber hinaus ein Schnuppertag im Team angeboten. Auch das ist eine gute Gelegenheit für ein gemeinsames Erleben. Die Mitarbeiterinnen und Mitarbeiter besitzen daher auch in der Rekrutierung eine äußerst wichtige Botschafterfunktion. Ihre Aufgabe ist es, ungekünstelt und authentisch aufzutreten.

Die Mitarbeiterinnen und Mitarbeiter im Rekrutierungsverfahren ganz gezielt einzubeziehen, ist nicht nur möglich, es hat sich auch gezeigt, dass dadurch echte Rekrutierungserfolge erzielt werden können. Es wird eben der passende Kandidat ausgesucht, denn die Mitarbeiter sind die Botschafter der eigenen Abteilung.

Wer seine Mitarbeiter zu Botschaftern machen will, der ist gut beraten, sich mit den Erwartungen der Bewerber ebenso wie mit den Bedürfnissen der eigenen Mitarbeiter zu beschäftigen. Das beinhaltet auch, sich mit dem eigenen Image als Arbeitgeber zu beschäftigen. Dadurch weitet sich der Blick für ganz unterschiedliche Themen. Dazu gehört es auch Trendthemen zu identifizieren und auszubauen. Aus gesellschaftlichen Entwicklungen entstehen Erwartungen und Bedürfnisse der Mitarbeiter und Bewerber. Und genau die sind wichtige Impulse für die eigene Arbeitgeberattraktivität und ein echter Beitrag zur Stärkung der Arbeitgebermarke. Hier zeigt sich, wo wir ansetzen können und hier erhalten wir neue Ideen, um neue Arbeitgeberangebote zu entwickeln.

Um die Arbeitgebermarke weiter zu entwickeln, sollten aber nicht nur die Arbeitgeberangebote im Fokus stehen. Auch das Bild, das nach außen vermittelt wird, ist ausschlaggebend. In der Mediendarstellung schneiden Krankenhäuser allzu häufig nicht gut ab. Die Arbeitsbelastung steht im Vordergrund. Diesem negativen Bild bewusst entgegenzutreten, ist ein wichtiger Beitrag für die eigene Arbeitgebermarke.

Die Mitarbeiter in den Frankfurter Rotkreuz-Kliniken legen viel Wert darauf, auch zu zeigen, dass die Arbeit im Krankenhaus Spaß macht, viel Freude bereitet und wertschätzend ist. Diese Botschaft anderen – Patienten, Angehörigen aber auch Bewerbern – gegenüber offen zu kommunizieren, ist eine der wichtigsten Aufgaben, die die Beschäftigten gerne annehmen. Den Mitarbeitern ist es wichtig zu zeigen, dass sie alle im Krankenhaus ihren Traumberuf gefunden haben. Dass ihre Tätigkeit im Krankenhaus abwechslungsreich und vielfältig ist und es echte Entwicklungsperspektiven gibt. Besonders gilt das für den Pflegeberuf. Auch diese Botschaft vermitteln Mitarbeiter in der Außenkommunikation selbst.

Um die Vielseitigkeit zu zeigen, werden auf diese Weise in der Kommunikation nach außen bewusst viele Perspektiven gezeigt. Dabei werden eben auch die Vorteile unterschiedlicher Berufsgruppen in den Fokus gerückt und damit gerade auch die Alleinstellungsmerkmale gegenüber anderen Berufen und anderen Kliniken herausgearbeitet.

6.3 Außenkommunikation alleine genügt nicht – Arbeit an der Unternehmenskultur ist das Ziel

»[E]s genügt nicht, das Arbeitsklima oder das Arbeitszeitmodel nur attraktiv zu vermitteln, es muss auch inhaltlich überzeugen.« (Bittlingmaier und Schelenz 2015, S. 13)

Die Employer Reputation ist ein wichtiger Bestandteil des Employer Brandings. Die Employer Reputation, der gute Ruf als Arbeitgeber, das echte Image, ist für den Employer Branding Prozess von Bedeutung, da dadurch der Wandel im Employer Branding integriert werden kann. Employer Reputation ist auf Langfristigkeit angelegt, dadurch fließen gezielt gesellschaftliche Veränderungen ein, die immer auch Veränderungen von Bedürfnissen und Erwartungen mit sich bringen. Der Arbeitsmarkt ändert sich, deshalb muss auch der Arbeitgeber und die Arbeitgebermarke sich ändern. Über den Tellerrand hinauszuschauen und auch die unterschiedlichen Entwicklungen in anderen Branchen zu beobachten ist hier ein empfehlenswertes Mittel.

Um die Employer Reputation zu stärken, wird in den Frankfurter Rotkreuz-Kliniken gezielt an folgenden Bereichen gearbeitet:

1. Personalentwicklung
2. Arbeitsbedingungen
3. Betriebliches Gesundheitsmanagement
4. Vereinbarkeit von Beruf und Familie sowie Beruf und Pflege
5. Demografie Management
6. Gesellschaftliches Engagement
7. Umwelt-/und Ressourcenschutz

Einige der genannten Themen sind in den Frankfurter Rotkreuz-Kliniken nicht neu. Wir bearbeiten sie inhaltlich bereits seit Jahren und sie sind in der Unternehmenskultur bereits fest verankert. Die Vereinbarkeit von Beruf und Familie ist so ein Thema. Andere Themen hingegen, wie z. B. Umwelt- und Ressourcenschutz, sind durch den intensiven Dialog mit den Mitarbeitern, aber eben auch mit den Bewerbern in den Fokus geraten. Die Mitarbeiterinnen und Mitarbeiter übernehmen daher auch intern die Rolle als Botschafter an das Management und übermitteln, welche Bedürfnisse sie haben und welche Qualitäten ein guter Arbeitgeber aus ihrer Sicht haben muss.

6.3.1 Mitarbeiterinnen und Mitarbeiter gezielt fördern: Unsere Talentpfade

In den Frankfurter Rotkreuz-Kliniken nimmt die Personalentwicklung einen besonderen Stellenwert ein. Personalentwicklung bedeutet unter anderem, die Beschäftigten gezielt zu qualifizieren, damit diese den Anforderungen der Arbeit begegnen können. Ziel ist es Kompetenzen zu erhalten und auch auszubauen. Darüber hinaus sollen Talente identifiziert und entwickelt werden. Die Maßnahmen der Personalentwicklung werden deshalb bewusst sehr eng an den Talenten unserer Mitarbeiter und an den Unternehmenszielen ausgerichtet.

Im Laufe des Lebens erleben Menschen unterschiedliche Berufs- und Lebensphasen. Jeder Mensch stellt Erwartungen an sich selbst und die eigenen Prioritäten und Wünsche verändern sich. Dadurch können Spannungsfelder entstehen: die Familie stellt Ansprüche, die körperliche und gesundheitliche Verfassung kann sich verändern, das berufliche Umfeld, die Kolleginnen und Kollegen haben Erwartungen, die Aufgabenfelder entwickeln sich ständig, man lernt ein Leben lang. All das beeinflusst die Leistungsfähigkeit eines Mitarbeiters. Es wird mehr und mehr zur Aufgabe des Arbeitgebers, diese Spannungsfelder zu begleiten. Die berufliche Laufbahn kann auch durch erwerbsfreie Phasen unterbrochen werden, wie Elternzeit oder auch Phasen der Weiterbildung. Auch das stellt Mitarbeiter und Arbeitgeber gleichermaßen vor Herausforderungen.

Durch die rechtlichen Vorgaben sind Aktualisierungsfortbildungen in jedem Unternehmen des Gesundheitswesens vorhanden. Es bei reinen Aktualisierungs-

115

fortbildungen zu belassen, ist ein Fehler. Personalentwicklungsmaßnahmen sollten vielmehr der strategischen Unternehmensentwicklung folgen. Das eröffnet Entwicklungsperspektiven für jeden Beschäftigten, in jedem Bereich. In einem gesonderten Projekt *Strategische Personalentwicklung* wurde sich in den Frankfurter Rotkreuz-Kliniken abteilungs- und hierarchieübergreifend genau diesem Thema intensiv gewidmet. Beteiligt waren u. a. das Qualitätsmanagement, die Schulleitung unserer Pflegeschule, die Pflegedienstleitungen, Mitarbeiter der Unternehmenskommunikation sowie die Leitung Personal und Recht.

Zunächst wurde der Qualifizierungsstand im gesamten Unternehmen erfasst. Alle Beschäftigten wurden aufgefordert ihre unterschiedlichen Kompetenzen und Qualifizierungen offen zu legen. Was wie eine Selbstverständlichkeit klingt, wird im Krankenhaus noch häufig vernachlässigt. Die einzelnen Qualifikationen der Mitarbeiter wurden dokumentiert und systematisiert. Überraschend in diesem Zusammenhang war, dass viele Beschäftigte auch privat Kompetenzen aufgebaut haben, die in der Klinik bis dato noch nicht bekannt waren; oder sie befanden sich sogar gerade mitten in einem Studium oder einer Weiterbildung.

Nach der Qualifizierungsanalyse wurde weiter eine intensive Altersstruktur- und die Bedarfsanalyse vorgenommen.

Durch die Altersstrukturanalyse über sämtliche Bereiche des Unternehmens hinweg, verschaffte sich die Projektgruppe einen Überblick, wie viele Kompetenzen in den nächsten Jahrzehnten planmäßig schon allein durch Renteneintritte das Unternehmen verlassen würden. Es konnten Rückschlüsse daraus gezogen werden, welche Kompetenzen fehlen würden und damit verbunden, welche Personalentwicklungsmaßnahmen in den nächsten Jahren dringend durchgeführt werden sollten.

Im nächsten Schritt wurde die klassische Bedarfsanalyse durchgeführt, unter Berücksichtigung der strategischen Entwicklung und der Unternehmensziele der Frankfurter Rotkreuz-Kliniken. Um Trendthemen einzelner Berufe und Bereiche zu erfassen, wendete sich die Projektgruppe an jede einzelne Führungskraft der Kliniken. Indem die Führungskräfte einbezogen werden, sollte Klarheit darüber entstehen, welche Themen in den nächsten Jahren für den jeweiligen Bereich zukunftsweisend sind und welche Kompetenzen benötigt werden, um die zukunftsweisenden Aufgaben und Themen erreichen zu können.

Von besonderer Bedeutung war es, gerade in der Zusammenarbeit mit den Führungskräften klinikübergreifend ein neues Verständnis von Karriere zu entwickeln und zu kommunizieren. In Krankenhäusern wird Karriere, oder berufliche Weiterentwicklung noch immer sehr häufig ausschließlich mit dem hierarchischen Aufstieg in eine Führungsposition definiert. An diesem Verständnis wurde gezielt gearbeitet, indem zusätzlich zur Führungsposition die Entwicklungsoptionen der Fach- oder Projektkarriere aufgezeigt worden sind.

Obwohl die Frankfurter Rotkreuz-Kliniken zu den kleinen Kliniken gehören, wird es durch diese Perspektiverweiterung möglich, den Mitarbeitern neue Entwicklungspotenziale zu eröffnen.

Gerade auch die jüngeren Generationen legen Wert darauf, Entwicklungsmöglichkeiten frühzeitig zu sehen. Dies ist auch deshalb von Vorteil, da sich durch den gesellschaftlichen Akademisierungstrend immer weniger Menschen für eine

Berufsausbildung entscheiden. Wenn aber echte Entwicklungsperspektiven gezeigt werden, dann ist es durchaus möglich, junge Menschen für die Berufsausbildung zu gewinnen. Die jüngeren Generationen, insbesondere die Generation Z, stehen unter einem hohen Bildungsdruck, sie erwarten von Anfang an wirkliche Entwicklungsmöglichkeiten. Dabei sind ihr eine fürsorgliche Haltung, Wertschätzung, Unterstützung und flache Hierarchien im Unternehmen wichtig, Arbeiten auf Augenhöhe sowohl mit den Kollegen als auch mit den Führungskräften, ist für diese Generation ein wichtiges Entscheidungskriterium (Klaffke 2015, S.77).

Auf Basis dieses Karriereverständnisses, durch die Bedarfsanalyse und unter Einbezug der Entwicklungen auf dem Arbeitsmarkt, konnten konkrete Talentpfade für die Frankfurter Rotkreuz-Kliniken konzipiert werden. Und zwar für alle Bereiche, für jedes Talent und jedes Interesse. Auch diese Aufgabe wird konsequent weiterverfolgt, denn letztlich entwickeln sich permanent neue Berufe, gerade im Krankenhausbereich. Diese neuen Perspektiven müssen auch in den Talentpfaden der Frankfurter Rotkreuz-Kliniken Berücksichtigung finden.

Um allen die Entwicklungsmöglichkeiten zugänglich zu machen, entwickelte die Unternehmenskommunikation in Zusammenarbeit mit der Projektgruppe eine Broschüre. In der Broschüre wird gezeigt, dass Lebensphasen und Talentpfade in den Frankfurter Rotkreuz-Kliniken durch ganz unterschiedliche Begleitungsangebote in Einklang zu bringen sind. So finden sich hier auch folgende Themen wie:

Neu im Team – oder zurück nach Auszeit? Wir sind dabei!

Gute Einarbeitung ist das A und O. In diesem Abschnitt werden die Möglichkeiten und Angebote für neue oder zurückkehrende Mitarbeiterinnen und Mitarbeiter aufgezeigt. Vom Qualitätsmanagementportal, in dem alle Formulare, Standards, Richtlinien, Dienstanweisungen und Betriebsvereinbarungen hinterlegt werden bis hin zur Onboarding-Mappe, die durch die Vorstellung vieler Bereiche, Abläufe und Ansprechpartner einen guten Überblick über das Unternehmen verschafft.

Professionalität ist vielschichtig: Persönlichkeits- und Potenzialentwicklung

Die Entwicklung der Persönlichkeit unserer Mitarbeiter ist ebenso wichtig wie der Ausbau ihrer Fachlichkeit. Es geht darum ihr ganzes Potenzial zu entdecken und zu wecken. Unter Potenzial verstehen wir all die Möglichkeiten und Talente, die Mitarbeiter haben, die sie aber noch nicht vollkommen ausschöpfen. Dazu gehört auch die Erweiterung der Handlungskompetenz und der Aufbau von wichtigen Schlüsselqualifikationen. Fachkompetenz und Sozialkompetenz sind in den Frankfurter Rotkreuz-Kliniken untrennbar verbunden. Damit die Mitarbeiter ihr Potenzial entdecken und ausbauen können, haben wir in den letzten Jahren diverse Maßnahmen etabliert. Hierzu zählen Coaching und Supervision, ebenso wie die Möglichkeit der Sabbaticals.

Neue Perspektiven und neue Orientierung: Probieren Sie sich aus.

Um unsere offene Unternehmenskultur zu prägen, bieten wir den Mitarbeitern die Möglichkeit, andere Bereiche kennenzulernen. Hierdurch wird die Zusammenarbeit und das Zusammengehörigkeitsgefühl gestärkt. Mögliche Maßnahmen sind u. a. Rotation, Projektmanagement, Hospitation.Fokus Team: Teamentwicklung und Teambuilding Qualität hat immer mit Qualifikation zu tun. Qualifikation umfasst Fachlichkeit und Persönlichkeit. Sie hat aber auch mit guter Zusammenarbeit und guter Unternehmenskultur zu tun. Daher unterstützen die Frankfurter Rotkreuz-Kliniken Teamtrainings und Teambuildings. Des Weiteren gibt es jährlich ein festes Budget für individuelle Teamaktivitäten und Mitarbeiterfeste.

Berufliche Anforderungen ändern sich: Lebenslanges Lernen als fachliches Fundament

Wir tragen Verantwortung dafür, dass die Mitarbeiter über aktuelles Wissen verfügen. Und dafür, dass sie nach den besten Methoden arbeiten. Aber auch die Mitarbeiter tragen Verantwortung: Eigenverantwortung. Es ist deshalb eine gemeinsame Verpflichtung, Kompetenzen auszubauen und Fachlichkeit ständig zu entwickeln. Damit Mitarbeiter ihre Fachlichkeit erhalten und ihr Wissen aktualisieren und ausbauen können, bieten die Frankfurter Rotkreuz-Kliniken eine Vielzahl an Fortbildungen, intern sowie extern, aber auch als eLearning-Programme.

Bei all den hier dargestellten Maßnahmen der Personalentwicklung ist es wichtig, frühzeitig den Betriebsrat miteinzubeziehen. Personalentwicklung unterliegt der Mitbestimmung.

Um alle Führungskräfte, aber auch möglichst viele Mitarbeiter mit Schlüsselfunktionen aktiv einzubinden, wurden die Ergebnisse der Projektgruppe in übergreifenden Organisationsentwicklungssitzungen mit den Abteilungsleitungen, Stabsstellen und der Geschäftsführung auf oberster Ebene vorgestellt und auch diskutiert. Auch bei der Entwicklung von Personalentwicklungsmaßnahmen wird sehr bewusst auf Partizipation gesetzt. Dabei geht es zum einen darum, die Akzeptanz und die Bereitschaft zur Teilnahme auf breiter Ebene zu erhalten, zum anderen geht es darum, möglichst viele Perspektiven auch bei den Talentpfaden zu integrieren.

Die Inhalte der Broschüre werden Top-down in den Frankfurter Rotkreuz-Kliniken implementiert. Die Personalabteilung und die interne Kommunikation spielen dabei eine große Rolle, aber eben auch die mittlere Führungsebene.

Im nächsten Schritt werden gezielte Fortbildungen für die mittlere Führungsebene zum Thema Talentmanagement stattfinden. Die Abteilungsleiter haben bereits eine solche Fortbildung durchlaufen. Bei all den Maßnahmen geht es darum, die Führungskräfte zu echten Talentmanagern im eigenen Unternehmen zu machen. Die Weiterbildung der Führungskräfte ist hier unerlässlich. Die Führungskräfte begleiten den Mitarbeiter in seiner Entwicklung. Wer ein aktives Talentmanagement verfolgt, der braucht Führungskräfte, die sich vor allem auch als Coach verstehen und über entsprechende Fähigkeiten verfügen. Die Führungskraft zu beraten, Impulse zu geben und die Entwicklung der Mitarbeiterinnen und Mitarbeiter auch einzufordern, das ist Aufgabe der Personalentwicklung in den Frankfurter Rotkreuz-Kliniken. Talentmanagement und Personalentwicklung wird auf diese Weise zu einer unternehmensweiten, gemeinsamen Aufgabe.

Mit der Umsetzung und Entwicklung der Lebensphasen und Talentpfaden in den Frankfurter Rotkreuz-Kliniken begegnen wir den Erwartungen von Mitarbeitern, sich in ihrer beruflichen Arbeit auch weiterentwickeln zu können. Dadurch verhindern wir auch Unterforderung und erhalten die Leistungs- und Arbeitsmarktfähigkeit der Mitarbeiter. Beides liegt in der Verantwortung eines guten Arbeitgebers. Mitarbeiter aller Altersstufen wollen motiviert und gefördert werden. Der Vorteil für das Unternehmen: genau dadurch festigt sich die Bindung zum Arbeitgeber. Es ist deshalb einer der grundlegenden Werte der Frankfurter Rotkreuz-Kliniken, dass Weiterbildung und Fortbildung nicht nur bis zu einem gewissen Alter angeboten oder realisiert werden. In den Kliniken ermutigen wir jeden, unabhängig von Ausbildungsgrad oder Alter, sich weiterzuentwickeln. Und das konstant während des gesamten Berufslebens, immer abgestimmt mit der persönlichen Lebensphase.

6.3.2 Arbeitsbedingungen und Arbeitsumgebung

Arbeitsbedingungen sind nach der Zweifaktorentheorie von Herzberg nur Faktoren der Arbeitswelt, die Unzufriedenheit bzw. Nicht-Unzufriedenheit bedingen können. Sie werden nie zur Zufriedenheit führen, bzw. Mitarbeiter für die Arbeit motivieren (Maier 2018). Und trotzdem lohnt es sich als Klinik aktiv an den Arbeitsbedingungen zu arbeiten. Die Arbeitsbedingungen eröffnen qualifiziertem Personal die Möglichkeit, eine qualitativ hochwertige Patientenversorgung zu realisieren. Arbeitsbedingung und Versorgungsqualität sind untrennbar verbunden.

In den Frankfurter Rotkreuz-Kliniken ist es uns daher ein großes Anliegen, Arbeitsbedingungen zu schaffen, in denen die Beschäftigten gut arbeiten können und dies auch gerne tun. Die Möglichkeiten sind hier vielfältig: Sei es, dass hohe Arbeitssicherheitsstandards erfüllt werden und permanent an der Optimierung der Arbeitssicherheit gearbeitet wird, sei es, dass die Arbeitsumgebung positiv gestaltet wird.

So hat man in den Frankfurter Rotkreuz-Kliniken beispielsweise im Eingangsbereich für einen Schallschutz gesorgt, der die Arbeit an der Rezeption deutlich angenehmer macht; oder es werden die Dienstzimmer und die Bereitschaftszimmer der Assistenzärzte neu ausgestattet, damit sich die Mitarbeiter darin wohlfühlen.

Die Arbeitsumgebung wird in Krankenhäusern viel zu wenig beachtet. Oft sind es Kleinigkeiten, die dazu führen, dass die Arbeit am Arbeitsplatz mehr Freude bereitet.

Viele Input wird in den Frankfurter Rotkreuz-Kliniken von den Mitarbeitern selbst gegeben. Um Anreize zu setzen, wurde deshalb das betriebliches Ideenmanagement neu aufgesetzt und überarbeitet. Die Mitarbeiter werden aufgefordert, Verbesserungsvorschläge einzureichen, sich aktiv zu beteiligen und erhalten für umgesetzte Vorschläge eine Prämie. Auch das neu eingeführte Social Intranet kann hier Wirkung entfalten. So wurde eine gesonderte Rubrik etabliert, in der die Mitarbeiter gezielt Vorschläge machen sollen. Auch die Feedbackfunktion des Social Intranets fördert das.

Einen guten Beitrag können auch Instrumente wie das Critical Incident Reporting System (CIRS) leisten. Auch hier können Themen aufgedeckt werden, die zu einer besseren Arbeitsorganisation führen.

Aber nicht nur Wunschthemen werden bearbeitet, auch die klassischen Themen der Arbeitsbedingungen werden in den Frankfurter Rotkreuz-Kliniken immer wieder einer Betrachtung unterzogen. Dazu gehört etwa auch der Stellenschlüssel. Um die Arbeitnehmerzufriedenheit, gerade im Pflegebereich zu erhalten, setzen wir – unserer Tradition als Häuser der Rotkreuz-Schwesternschaft – auf einen optimalen Stellenschlüssel und auf eine Besetzung durch fast ausschließlich dreijährig examinierte Pflegefachkräfte. Dies wirkt sich positiv auf die Arbeitszufriedenheit aus und zwar nicht nur des Pflegediensts, sondern auch des ärztlichen Diensts und der Belegärzte.

Besonders wichtig ist es in unseren Kliniken die Arbeitsbedingungen so zu gestalten, dass sich Pflegekräfte auf pflegerische Aufgaben und auf die Arbeit am Patienten konzentrieren können.

Durch eine Umstellung des Versorgungskonzeptes innerhalb der Frankfurter Rotkreuz-Kliniken, weg von der Zentralküche, hin zur Stationsküche, wird dieser Grundsatz in naher Zukunft weiter gestärkt. Nicht nur, dass dadurch der Service am Patienten deutlich erhöht wird, die Essensversorgung wird auf der Station von Servicekräften übernommen. Dazu werden die Küchenmitarbeiter entsprechend weitergebildet.

Die Entwicklung dieses neuen Versorgungskonzeptes erfolgte ebenfalls in einer interdisziplinär besetzten Projektgruppe im Rahmen des Organisationsentwicklungsprojektes *Abenteuer Agilität*. Das Konzept wurde von den Mitarbeitern des Pflegedienstes und der Versorgungsdienste selbst konzipiert. In einem regen Austausch wurde um die beste Lösung gerungen, mit dem Ergebnis, dass sich beide Berufsgruppen auf die Umstellung des Systems freuen.

Als besonders wichtiges Thema hinsichtlich der Arbeitsbedingungen sehen wir in den Frankfurter Rotkreuz-Kliniken das Thema *Zeit für Freizeit*. Auch das ist der gesellschaftlichen Entwicklung geschuldet. Viele Studien zeigen, dass Zeit zur neuen Währung wird. Zeit für sich selbst, für seine Hobbies oder für Selbstverwirklichung, ist ein wesentliches Element der Arbeitgeberattraktivität. Gerade die jüngeren Generationen legen darauf besonderen Wert. Auf diese Entwicklung zu reagieren und sie gezielt zu gestalten, ist ein gutes Beispiel dafür, wie in den Frankfurter Rotkreuz-Kliniken der Employer Branding Prozess gestaltet wird

Dazu gehört auch, dass für alle Klinikbereiche an sehr individuellen Maßnahmen gearbeitet wird. So entsteht eine breite Palette an Angeboten: von Sabbaticals, mobile Arbeit auch Zuhause, wenn gewünscht, unbezahlte Urlaube. Auch

Teilzeit in der Führung gehört in den Frankfurter Rotkreuz-Kliniken dazu. Die Möglichkeiten sind vielfältig und müssen an die Besonderheiten des Hauses und seiner Mitarbeiter angepasst werden.

6.3.3 Betriebliches Gesundheitsmanagement: Ein Thema für jeden Bereich

Im betrieblichen Kontext wird die Thematik Gesundheit von Mitarbeitern vermehrt diskutiert, meist in Zusammenhang mit dem Begriff der Betrieblichen Gesundheitsförderung (BGF) oder des Betrieblichen Gesundheitsmanagements (BGM). Die Diskussion findet häufig im Zusammenhang mit der demografischen Entwicklung, dem sogenannten Fachkräftemangel oder der Notwendigkeit einer nachhaltigen Unternehmensführung statt.

Jeder Arbeitgeber muss hier Verantwortung übernehmen. Krankenhäuser sind hier besonders gefordert.

Viele Tätigkeiten im Krankenhaus sind körperlich und seelisch belastend. Das gilt nicht nur für Pflegekräfte, die Tag für Tag vollen Körpereinsatz bei ihrer Arbeit leisten. Es betrifft auch Angestellte des ärztlichen Dienstes, dies zeigt eine kürzlich durchgeführte Studie von Deloitte, aber auch die Beschäftigten der Wirtschafts- und Versorgungsdienste, in Küche und Reinigung, oder für Mitarbeiter der Technik (Deloitte LLP. 2018). Auch in der Verwaltung steigt die Arbeitsverdichtung.

Die Arbeit soll die Gesundheit nicht nur nicht negativ beeinflussen, sondern Ziel ist es, die Arbeit für die Beschäftigten gesundheitsförderlich zu gestaltet. Gesundheit ist deshalb ein Thema, das jeden Bereich der Frankfurter Rotkreuz-Kliniken betrifft. Weil Gesundheit auch immer individuell ist, wird in den Frankfurter Rotkreuz-Kliniken auf ein vielschichtiges Angebot gesetzt.

Die Angebote werden unter dem Motto *aktivwir* zusammengeführt Das Motto demonstriert die doppelte Verantwortung: Der Arbeitgeber übernimmt die Verantwortung für Gesundheit am Arbeitsplatz, aber auch der Mitarbeiter selbst ist für seine Gesundheit verantwortlich. Es ist gemeinsame Aufgabe die Gesundheit zu erhalten und zu verbessern.

Auch hier wurde zunächst gezielt auf das Projektmanagement im Rahmen der Organisationsentwicklung *Abenteuer Agilität* gesetzt. Ebenfalls interdisziplinär und multifunktional besetzt.

Zu den einzelnen Grundbausteinen des BGMs der Frankfurter Rotkreuz-Kliniken zählen aktuell und in Zukunft u. a. folgende Themen:

• Arbeitssicherheit und -medizin/Mitarbeitergesundheit
  – Unfallverhütung im Unternehmen und der Schutz der Mitarbeiter vor möglichen Gefährdungen
  – Ergonomische Gestaltung der Arbeit; der Arbeitsplätze und der Arbeitsabläufe
  – Prävention und Diagnostik arbeits- oder umweltbedingter Gesundheitsschäden

- Personalwesen und Mitarbeiterberatung/Personalmanagement/Human Ressource Management
  - Betriebliches Wiedereingliederungsmanagement (BEM): Individuelle Maßnahmen für die Wiedereingliederung in das Arbeitsleben
  - Demografie Management
  - Thema Führung (z. B. lebensphasenorientiertes Mitarbeiterführung, Gesunde Führung)
  - Verschiedene Arbeits- und Zeitmodelle
- Unternehmenskultur und Mitarbeiterbindung
  - Unterstützung der Mitarbeiter in verschiedenen Bereichen; *berufundfamilie* (Pflege von Angehörigen, kurz- oder langfristige Kinderbetreuung) Beratung zu privaten Problemen, wie z. B. Schulden
- Betriebliche Gesundheitsförderung
  - Maßnahmen, die das gesundheitsförderliche Verhalten der Mitarbeiter positiv beeinflussen können
  - Maßnahmen zur Verhaltensprävention wie zum Beispiel Aufklärungsaktionen, Weiterbildungen zu Gesundheitsthemen, Angebote zur Bewegung oder Ausgleichsprogramme, es werden regelmäßige Kurse rund um das Thema Achtsamkeit und Entspannung angeboten. Auch Ernährungskurse und Anti-Raucher Seminare gehören dazu.

Bei der Zusammenstellung des Programms werden die Mitarbeiterinnen und Mitarbeiter bewusst einbezogen. Ihre Wünsche sind maßgeblich.

Auch der jährlich stattfindende Gesundheitstag wird von den Mitarbeiterinnen und Mitarbeiter gestaltet. Bei dieser Veranstaltung bieten nicht nur Kooperationspartner und externe Unternehmen verschiedene Gesundheitsangebote, auch Mitarbeiter bringen sich mit ihren Talenten und Hobbys ein. Es lohnt sich für jedes Krankenhaus die Mitarbeiter gezielt zu motivieren. Mitarbeiter beraten dann Mitarbeiter. Diese Aktions- und Mitmachangebote senken die Hemmungen, sich mit den Themen auseinanderzusetzen, machen Spaß und fördern die Neugier.

6.3.4 Vereinbarkeit von Beruf und Familie und Beruf und Pflege

Die Vereinbarkeit von Beruf und Familie war eines der ersten Handlungsfelder in Bezug auf die Mitarbeiterorientierung. Als Branche mit großem Frauenanteil und zwei Rotkreuz-Schwesternschaften als Träger, die sich seit über 150 Jahren der Frauenförderung verschrieben haben, war das Thema der Familienfreundlichkeit immer schon gegenwärtig.

Besonders wichtig war in diesem Zusammenhang die Klärung des Familienbegriffs. In den Frankfurter Rotkreuz-Kliniken hat man es für wichtig erachtet, den Familienbegriff nicht zu begrenzen, sondern auch im Sinne einer gelebten Diversity das Familienverständnis breit anzulegen. Unter dem Begriff *Familie* werden in den Frankfurter Rotkreuz-Kliniken alle Lebensgemeinschaften verstanden, in denen langfristige und soziale Verantwortung für andere Menschen übernommen wird. Dies korrespondiert mit der Unternehmenskultur.

Wenn von Vereinbarkeit von Beruf und Familie die Rede ist, so ist meist vor allem das Thema Beruf und Kinderbetreuung angesprochen. Den Anstoß für einen Perspektivenwechsel ergab sich aus einer Mitarbeiterumfrage. Diese zeigte, dass ein signifikanter Teil unserer Mitarbeiterinnen und Mitarbeiter, nämlich 34 %, im Falle eines Pflegefalls in der Familie bereit wären, selbst den Angehörigen zu pflegen: Das bedeutet im Umkehrschluss aber auch, dass rund 34 % unserer Mitarbeiterinnen und Mitarbeiter ihre Stelle reduzieren würden oder nur noch eingeschränkt arbeiten könnten. Eine Herausforderung, vor allem für das betroffene Team und eine hohe Anforderung an die Empathie der Führungskraft. Um das dann auch in der Klinikorganisation realisieren zu können, ist es wichtig, sich frühzeitig Gedanken zu machen, wie das Thema Vereinbarkeit von Beruf und Pflege konkret für die Mitarbeiter gestaltet werden kann.

In den Frankfurter Rotkreuz-Kliniken hat man deshalb ein Konzept entwickelt, das aus drei Säulen besteht:

1. Persönliche Beratung
2. Erarbeitung individueller Lösungen im Einklang mit der Führungskraft und dem Team
3. Begleitung über einen längeren Zeitraum

In den Kliniken setzt man in Bezug auf die Vereinbarkeit von Beruf und Familie und Beruf und Pflege bewusst auf Individuallösungen. Jede familiäre Situation ist einzigartig und so soll sie im Unternehmen auch behandelt werden. Neben den rechtlichen Möglichkeiten der kurzfristigen Freistellung bis zu zehn Arbeitstagen bei akut auftretenden Pflegesituationen sowie dem Anspruch auf Pflegezeit, bei der die Mitarbeiter ohnehin einen Rechtsanspruch auf bis zu sechs Monaten vollständiger oder teilweiser Freistellung inklusive Kündigungsschutz haben, sind es deshalb auch gemeinsam erarbeitete, individuelle Lösungsmodelle.

Dazu gehören auch beispielsweise enge Kooperationen mit Anbietern von Hausnotrufdiensten oder Kooperationen mit ambulanten Pflegediensten. In den Frankfurter Rotkreuz-Kliniken wird bei dem Thema der Vereinbarkeit von Beruf und Familie und Beruf und Pflege sehr gezielt auch auf Netzwerke gesetzt. In der Zusammenarbeit mit anderen Organisationen kann hier ein breites Angebot gemacht werden. Die Kooperation wurde hier nicht nur zu Rotkreuzorganisationen gesucht, sondern auch zu regionalen Angeboten oder Selbsthilfeorganisationen. So bestehen nun enge Kontakte zu Kindertagesstätten, zu Pflegestützpunkten, Kontakte zu Anbietern von Kursen für die Betreuung von Demenzkranken oder auch Selbsthilfegruppen.

Als besonders wichtig haben sich auch individuelle und vor allem kurzfristige Lösungen für die eigene Arbeitszeit erwiesen. Deshalb sind alle Führungskräfte darüber informiert, dass sie im direkten Dialog mit dem Team gemeinsam Lösungen anbieten dürfen und sollen.

In den Frankfurter Rotkreuz-Kliniken hat man sich bewusst gegen standardisierte *Mütter- und Väterschichten oder Familienschichten* entschieden und setzt auf die gemeinsame Teamentscheidung. Ziel ist individuelle Herausforderungen auch gemeinsam vertrauensvoll zu lösen. Einzige Vorgabe: Die Schichten müssen besetzt sein.

Die persönliche Lebenssituation des betroffenen Mitarbeiters, findet durch die Teamentscheidung auf diese Weise viel Berücksichtigung. Auf die kleinste Einheit zu setzen und es dezentral zu lösen, anstatt es zentral zu bestimmen und zu steuern, bedeutet für viele Familien, Entlastung und es stärkt das gegenseitige Vertrauen. Das festigt auch die Teams. Vor allem aber wird es so möglich, schnell reagieren zu können. Ein Pflegefall kommt häufig auch sehr plötzlich. Genau das wird durch diese Organisation aufgefangen.

Um Mitarbeiter und Führungskräfte hinsichtlich des Themas Familienfreundlichkeit optimal begleiten zu können, wurde ein *Büro für Familienservice* in den Frankfurter Rotkreuz-Kliniken etabliert. Das hat sich als sehr positiv erwiesen, weil es in der Regel nicht nur sehr individuelle, sondern eben auch emotionale Themen sind, die durch eine enge Vertrauensbasis besser bearbeitet werden können. Mehrere Stunden in der Woche steht nun eine Mitarbeiterin zur Verfügung, die individuelle Unterstützung bei familiären Situationen geben kann. Die Ausbildung zum Pflegeguide und zum Familienguide ist hier von Vorteil. Das Familienbüro arbeitet als Lotse.

All diese Angebote auszubauen, ist und bleibt eine wichtige Aufgabe. Durch das Audit *berufundfamilie* entwickeln wir die Maßnahmen konsequent weiter. (Frankfurter Rotkreuz-Kliniken e. V. 2018.)

Vor allem aber machen wir unseren Führungskräften immer wieder bewusst, dass es bei einer lebensphasenorientierten Personalführung darum geht, gemeinsame Lösungen für den Mitarbeiter zu entwickeln. Nur so versetzen wir unsere Mitarbeiter in die Lage, ihre familiären Verpflichtungen ebenso erfüllen zu können wie ihre Verpflichtung gegenüber dem Arbeitgeber, den Kollegen und dem Team.

Ziel ist es, sich bei jeder Entscheidung bewusst zu machen, welche Auswirkungen diese auf das Familienleben hat.

6.3.5 Demografie Management

Mit dem Thema Demografie Management haben wir uns im Rahmen einer Forschungsarbeit einer unserer Mitarbeiterinnen für ihren Masterabschluss befasst. Auch das ist eine schöne Möglichkeit Mitarbeiter zu fördern und sie zugleich bei wichtigen Themen einzubeziehen.

Zunächst wurde eine aktualisierte Altersstrukturanalyse durchgeführt und entsprechend dadurch Handlungsfelder für die Einführung eines systematischen Demografie Managements gewonnen.

Da der Begriff Demografie Management nicht eindeutig beschrieben ist, wurde die Begrifflichkeit innerhalb unserer Kliniken noch einmal festgelegt:

»Demografie Management bedeutet alle Mitarbeiter in den verschiedenen Lebensphasen zu unterstützen, um die betrieblichen Anforderungen erfüllen zu können. Die Ausrichtung betrieblicher Maßnahmen an allen Altersgruppen zur Sicherung von Qualifikation,

Wissen und Gesundheit steht dabei im Fokus. Ziel hierbei ist es, die Arbeitssituation so zu gestalten, dass die Gesundheit, die Qualifikation sowie die Motivation über das ganze Erwerbsleben erhalten bleiben kann und somit die Arbeits- und Beschäftigungsfähigkeit.« (In Anlehnung an: Bertelsmann Stiftung & Bundesvereinigung der Arbeitgeberverbände 2003; Gussone, Huber, Morschhäuser et al. 1999; Ilmarinen 2005; Landau 2007) (Herbst 2018)

Bei der Altersstrukturanalyse wurden neben den klassischen Kriterien (Alter, Geschlecht, Betriebszugehörigkeit, Abteilung) noch die Merkmale Qualifikation, Weiterbildung, Arbeitsumfang und Ausfallzeiten einbezogen.

Bedingt durch einen hohen Anteil von Mitarbeitern im mittleren und älteren Altersbereich zeigte sich schnell die Empfehlung, gezielt auch Maßnahmen zu entwickeln, um jüngere Mitarbeiter zu gewinnen. So soll an einem guten Altersmix gearbeitet werden.

Weiterhin wurde das wichtige Thema Wissensmanagement identifiziert, das nun ebenfalls in den Frankfurter Rotkreuz-Kliniken intensiv bearbeitet wird.

Ein erster Schritt war es in diesem Zusammenhang im neuen *Social Intranet* ein *Klinik-Wiki* aufzubauen. Hier wird über alle wichtigen Themen informiert. Den Mitarbeitern ist es möglich, selbstständig Einträge hinzuzufügen und zu aktualisieren. Dies wird genutzt, um Fach- und Erfahrungswissen an andere Kollegen weiterzugeben. Durch eine Kommentarfunktion in dem Social Intranet ist es zudem möglich, gezielt Rückfragen zu stellen.

Das Thema der Wissensweitergabe und Wissensvermittlung wird in Krankenhäusern noch zu wenig beachtet, ist aber ein wichtiges Element der Unternehmenskultur.

Des Weiteren gibt es in den Frankfurter Rotkreuz-Kliniken ein paar Jahre vor geplanten Renteneintritten, sogenannte *Lern- und Tandempartnerschaften*, bei denen das Wissen von Mitarbeitern untereinander weitergegeben werden kann. Wissen geht damit nicht verloren.

Ein wichtiges Thema für ein wirkungsvolles Generationenmanagement ist es, weiterhin das Verständnis zwischen den einzelnen Generationen zu fördern. Durch den gezielten Einsatz von Generationsworkshops im Fortbildungsprogramm der Kliniken wird daran gearbeitet, eine Kultur der Wertschätzung aufzubauen, die Unterschiedlichkeiten zulässt und begrüßt. Die Teilnehmer erhalten Informationen über die Unterschiedlichkeiten einzelner Generationen, aber auch über die Gemeinsamkeiten. Dadurch zeigt sich schnell, welche Potenziale und Vorteile sich durch einen guten Generationenmix eröffnen können. Bei der Durchführung der Workshops wurde darauf geachtet, dass Mitarbeiter unterschiedliche Generationen teilnehmen, von »Wirtschaftswunder-Generation«, über »Generation Babyboomer« bis hin zu den »Millenials«. Gemeinsam wurde herausgearbeitet, welche Werte für wichtig erachtet werden. Dies wurde im Anschluss in einer offenen Diskussion besprochen. Sehr häufig hat sich gezeigt, dass die Erwartungen an ein gutes Miteinander an am Arbeitsplatz, so unterschiedlich nicht sind. Diese Gemeinsamkeiten zu entdecken, ist für die Arbeit im Team von großem Wert. Diese Workshops stehen bewusst allen Berufsgruppen und allen Beschäftigten offen.

Auch das bestehende Kontakthalteprogramm konnte durch die Erkenntnisse des Demografiemanagements weiterentwickelt werden. Für Mitarbeiter, die durch Elternzeit, Sabbaticals, Pflegezeit ausfallen, wurde die Möglichkeit geschaffen, bei sämtlichen Fortbildungsmaßnahmen in den Kliniken teilzunehmen. Zudem wird regelmäßig der persönliche Kontakt, vor allem durch die Führungskräfte, gepflegt. Aber nicht nur der persönliche Kontakt zählt, Mitarbeiter, die länger abwesend sind, werden auch zu Teamevents und Mitarbeiterfesten eingeladen.

Aber nicht nur die Betreuung während der Abwesenheit steht im Vordergrund. Führungskräfte sollen auch gezielt Erwartungen abfragen und Mitarbeitergespräche führen und zwar vor der Auszeit (insofern der Zeitpunkt bekannt ist), zwei bis drei Monate vor der Rückkehr und dann bei der eigentlichen Rückkehr. So können persönliche Veränderungen im Umfeld des Mitarbeiters, aber auch Veränderungen im Unternehmen thematisiert und der Mitarbeiter wieder schnell integriert werden (Kast, Lindemann, Teuber et al. 2016) (Herbst 2018, S. 61 ff.).

6.3.6 Gesellschaftliches Engagement: Beruf und Ehrenamt

Viele unserer Mitarbeiter engagieren sich nicht nur beruflich für andere. Auch privat sind viele ehrenamtlich tätig. Dies wird immer wieder in Mitarbeitergesprächen deutlich. Auch in Bewerbungsgesprächen kommt die Frage nach der Vereinbarkeit von Beruf und Ehrenamt immer häufiger.

Die Frankfurter Rotkreuz-Kliniken gehören zur Rotkreuz- und Rothalbmondbewegung. Das Ehrenamt hat hier einen hohen Stellenwert und deshalb gehört die Förderung des Ehrenamtes zu den wichtigsten Werten der Unternehmenskultur. Als Arbeitgeber liegt es deshalb nahe Ehrenamt zu ermöglichen und zu fördern. Für ehrenamtliches Engagement erhalten unsere Mitarbeiterinnen und Mitarbeiter daher zusätzlich einen Tag im Jahr frei. Ob sie sich bei der Feuerwehr engagieren oder für den Fußballverein Feriencamps organisieren – die zusätzliche Zeit wird gerne genutzt.

Aber nicht nur individuell, für das gesamte Unternehmen nimmt das Thema des gesellschaftlichen Engagements besonderen Raum ein. So engagierten sich eine Vielzahl unserer Mitarbeiter bei der Betreuung von Flüchtlingen.

Aus unserer Sicht ist es für unsere Unternehmenskultur wichtig, den Raum für Ehrenamt zu geben.

6.3.7 Zukunftsthema: Umwelt und Ressourcenschutz

Ein weiteres Thema ist ebenfalls durch den Impuls unserer Mitarbeiter in den Fokus geraten: Umwelt und der Ressourcenschutz.

An dieser Thematik arbeiten wir im Rahmen des Betrieblichen Gesundheitsmanagements. Vielen unserer Mitarbeiter ist Natur- und Umweltschutz ein echtes Anliegen. Am Anfang einer jeden Initiative stehen Einzelmaßnahmen. So auch hier:

- So wurde ein Coffee to go Becher aus nachhaltigen Materialien eingeführt und in unserer Cafeteria der Anreiz gegeben, diesen, anstatt der Einwegbecher zu nutzen.
- Wichtig war uns auch die Förderung des öffentlichen Nahverkehrs. So hat die Geschäftsführung einen hohen Zuschuss für öffentlichen Nahverkehr genehmigt.
- Bei den Give Aways wird verstärkt auf nachhaltige Materialien geachtet.
- Bei der Auswahl der Kooperationspartner achten wir auf deren Umweltstandards.
- Um unsere Mitarbeiterinnen und Mitarbeiter zu aktivieren und motivieren bei Umweltprojekten und Umweltaktionen teilzunehmen, wurde beispielsweise an einer Fahrrad-Kilometersammlung teilgenommen.

Aus diesen Einzelmaßnahmen nun ein echtes Programm zu machen, darum geht es künftig. Das ist gezielte Arbeit an der eigenen Arbeitgeberattraktivität. Es zum festen Bestandteil der Unternehmenskultur zu machen, das ist die eigentliche Aufgabe. Unsere Mitarbeiter und ihre Impulse werden dabei helfen. Auch deshalb ist der ständige Dialog mit unseren Mitarbeitern so wichtig.

6.4 Abschluss

Es gibt viele Aufgabenfelder, um an der eigenen Arbeitgeberattraktivität zu arbeiten und seinen Mitarbeitern echte Angebote zu machen. Die Themen, die hier exemplarisch dargestellt wurden, sind durch Mitarbeiterbefragungen und den direkten Dialog mit den Mitarbeitern der Frankfurter Rotkreuz-Kliniken sichtbar geworden. Jede Klinik hat den Auftrag die eigenen Aufgabenfelder zu finden. Wirklich wichtig ist dabei, den eigenen Mitarbeitern zuzuhören und auch die gesellschaftlichen Trends im Auge zu behalten.

Gesellschaftliche Trends nehmen Einfluss auf die Erwartungen der Menschen. Das gilt auch für die Erwartungen an den eigenen Arbeitgeber. Wenn Aufgabenfelder identifiziert sind, dann geht es darum an diesen kontinuierlich zu arbeiten.

Fokussierung ist erlaubt und notwendig. Es ist richtig, sich zunächst einem Aufgabenfeld zu widmen, Zusammenhänge zu anderen Themenfeldern werden sich dabei ohnehin schnell ergeben. In den Frankfurter Rotkreuz-Kliniken stand die Vereinbarkeit von Beruf und Familie zunächst im Vordergrund. Der Anstoß für die gezielte strategische Personalentwicklung und ein Talentmanagement, ergab sich vor allem durch die festgelegte Maßnahme, lebensphasenorientiertes Führen in das Blickfeld zu nehmen. Auch das Thema Gesundheit hat sich durch die Vereinbarkeit von Beruf und Familie herauskristallisiert, denn die Altersstruktur wurde sichtbar. Wichtig ist nur sich den Themen zu widmen. Gerne auch erst einmal mit Einzelmaßnahmen.

Man muss sich immer wieder die Frage stellen: Was unterscheidet unser Unternehmen von anderen? Welche Werte bringen unsere Mitarbeiter mit und an welchen wollen wir im Rahmen der Unternehmensentwicklung und der gesellschaftlichen Veränderung ansetzen? Ist z. B. Diversity ein Thema, das unsere Mitarbeiter bewegt? Oder doch eher Umweltschutz?

Es gilt, kontinuierlich an den eigenen Angeboten zu arbeiten, sie zu erweitern, zu optimieren und Bereiche oder Themen in den Fokus zu nehmen, die bisher noch nicht im Mittelpunkt standen. Von Bedeutung ist dabei nur eines: Das Angebot muss mit den Bedürfnissen der Mitarbeiter und der Bewerber übereinstimmen.

Was hier dargestellt wird, ist nicht mehr, aber auch nicht weniger als Arbeit an der Unternehmenskultur. Die Unternehmenskultur ist zunehmend ein entscheidender Faktor für die Arbeitgeberwahl. Jeder ist deshalb gut beraten, sich dem Thema der Unternehmenskultur zu widmen. Vor allem dann, wenn er sich für ein Employer Branding entschieden hat.

Literatur

Bertelsmann Stiftung und Bundesvereinigung der Arbeitgeberverbände (2003): Erfolgreich mit älteren Arbeitnehmern. Strategien und Beispiele für die betriebliche Praxis. Gütersloh: Verlag Bertelsmann Stiftung.

Bittlingmaier, T., Schelenz, B. (2015): Vorwort. In: Bittlingmaier, T., Schelenz, B. (Hrsg): Employer Reputation. Das Konzept »Arbeitsgebermarke« neu denken. Freiburg: Haufe-Lexware GmbH & Co. KG. S. 13.

Deloitte LLP. (2018): Time to care. Securing a future for the hospital workforce in Europe. London: The crative Studio at Deloitte.

Frankfurter Rotkreuz-Kliniken e. V. (2018): Über uns: Service: Familienservice. Abgerufen am 25.11.2018 von Frankfurter Rotkreuz-Kliniken e. V. (https://www.rotkreuzkliniken.de/familienservice.html, Zugriff am 27.05.2019).

Herbst, S. (09.05.2018). Masterarbeit zur Erlangung des Grades Master of Science. Strategische Altersstrukturanalyse des Pflegedienstes in einer Feldklinik zur Identifikation von Handlungsfeldern für die Einführung eines Demografie Managements. Maintal.

Klaffke, M. (2014): Generationen-Management. Konzepte, Instrumente, Good-Practice-Ansätze. Wiesbaden: Springer Fachmedien.

Hundt, M. (2015): Vom Werden und Vergehen von Begriffen – Employer Reputation und Employer Branding. In: Bittlingmaier, T., Schelenz. B. (Hrsg.): Employer Reputation. Das Konzept »Arbeitsgebermarke« neu denken. Freiburg: Haufe-Lexware GmbH & Co. KG. S. 79.

Maier, G. W. (2018): Zweifaktorentheorie. Wiesbaden: Springer Fachmedien Wiesbaden GmbH. (https://wirtschaftslexikon.gabler.de/definition/zweifaktorentheorie-48072/version-271330, Zugriff am 27.05.2019).

Stichwortregister

A

Active Employer Branding   41–44, 51, 53, 56, 58
Arbeitgebermarke   20, 32 f., 37, 41, 43, 45, 56–58, 109, 114
Arbeitgebermarketing   32
Ausbildungsmarketing   105
Ausbildungsmesse   105

B

Beruf und Familie   46, 92
Betriebliche Gesundheitsförderung (BGF)   121
Betriebliches Gesundheitsmanagement (BGM)   121
Bewerberansprache   32, 35 f., 39
Bürgerhospital und Clementine Kinderhospital   61

C

Candidate Centricity   34
Candidate Experience   36 f., 39, 54–56
Candidate Journey   19, 54–56, 113
Corporate Brand   41
Corporate Identity   15
Critical Incident Reporting System (CIRS)   120

E

Employer Brand   41
Employer Reputation   114
Employer Value Proposition (EVP)   51–53
Externes Personalmarketing   55

F

Fachkräftemangel   28, 30, 34, 41, 111, 121
Frankfurter Rotkreuz-Kliniken   110

G

Great Place to Work®   19, 63 f.

I

Internes Personalmarketing   54

K

Klinikum Bielefeld   91
Krankenhaus Barmherzige Brüder Regensburg   101

L

Lebensphasenorientierte Personalführung   46

M

Marke   13–16, 18, 25, 31, 41, 57, 75, 92, 102
Markenbild   17
Markenbotschafter   15, 101
Markenführung   43
Markenkern   18, 57, 61, 64, 102
Markenleadership   16
Markenmanagement   14–16, 23, 25
Marken-Marketing   17
Markenrhizom   18
Microsite   57, 73, 88
Mitarbeiterorientierung   42, 45–49, 51, 54, 58, 122

O

Online Rekrutierung   55

P

Personalmarketing   32, 34, 39, 43, 54, 56, 65, 74 f., 88, 108

Product Brand   41

R

Rekrutierung   46, 56, 111, 113
Rekrutierungsaktivitäten   55
Rekrutierungserfolge   113
Rekrutierungskanäle   55
Rekrutierungsprozess   56, 112
Rekrutierungsstrategie   56
Rekrutierungstrends   55
Rekrutierungsverfahren   55, 113

S

Signature Stories   18

Social Intranet   120, 125

U

Universitätsklinikum Heidelberg
   (UKHD)   78
Uniklinik Köln (AöR)   85

Z

Zielgruppe   16, 25, 44, 55, 63, 66, 88, 100
Zielgruppenspezifisch   66